PENSÉES, RÉPLIQUES ET ANECDOTES

JEAN-PIERRE MOCKY

Pensées, répliques et anecdotes

COLLECTION
LES PENSÉES

le cherche midi

Direction éditoriale :
Jean-Maurice Belayche et Arnaud Hofmarcher
Direction littéraire : Philippe Durant

© le cherche midi, 2009
23, rue du Cherche-Midi, 75006 Paris

Vous pouvez consulter notre catalogue général et l'annonce de nos prochaines parutions sur notre site Internet :
cherche-midi.com© le cherche midi

Introduction

Ce livre n'est pas vraiment un testament.
Pourtant, le jour où j'aurai quitté cette terre, il tombera peut-être entre les mains d'un jeune réalisateur, ou éducateur, ou jeune philosophe, peut-être même d'un politique.
Je pense qu'il y puisera des infos, des conseils, et que l'exemple de ma vie d'aventurier autodidacte lui sera utile.
En fait, la vie est simple. Faire ce qu'on a envie de faire coûte que coûte.
Ceux qui ont suivi ce chemin sont heureux, mais ils sont rares.
Car il faut la réussir, sa vie professionnelle et personnelle, mais les deux, c'est coton.
Fuir les drames, les maladies, les compromissions, quel boulot !
Et un jour, perché sur une falaise, regarder l'infini ; c'est délicieux de pouvoir se dire : « Je suis né un jour, je meurs aujourd'hui, mais, entre les deux, j'ai bien utilisé les qualités que le Seigneur (même si c'est le Diable) m'a données en cadeau et j'en suis fier. »
Dont acte.

Pensées biographiques

Je ne suis pas un franc-tireur. Ça ne veut rien dire, être franc-tireur. Tirer, ça veut dire tuer. Moi, je n'ai jamais tué personne !

*

Je n'ai jamais très bien compris ce qu'est le « politiquement correct », mais je suis sûr de ne pas entrer dans cette catégorie.
Être correct m'ennuie.
Et tout ce qui est politique encore plus.

*

Je suis souvent en colère, ça me maintient en forme.

*

À 6 ans, mes parents voulaient que j'aille voir *Blanche-Neige*. Moi, ça me faisait chier d'aller voir *Blanche-Neige*, je préférais aller voir un bon film d'action.

Ce fut ma première révolte.

C'est là que ça a commencé.

Je ne me suis jamais arrêté depuis.

*

Nous, les Polonais, dès que nous suçons le lait de notre mère, nous savons que la vie est parfaitement dérisoire.

C'est ce qui fait que nous ne pouvons pas nous prendre au sérieux.

*

Ma maman, un jour que j'avais 12 ans, me répondit, lorsque je lui dis que j'étais intelligent :

– Mon Jeannot, quelqu'un qui dit qu'il est intelligent est un âne.

Depuis, je ne le dis plus jamais.

*

Mon âge véritable est une histoire extraordinaire que personne ne croit.

Tout le monde pense que je mens sur mon âge par coquetterie. Je ne vois pas très bien l'intérêt d'être coquet quand on a dépassé 70 ans... Je comprends qu'une femme de 50 ans veuille faire croire qu'elle en a 40, mais un homme de 70 ans, je ne vois pas l'intérêt qu'il a à dire qu'il en a 65 ou 60 !

Mon histoire est tragiquement véridique.

Avant la guerre, mon père a eu peur pour moi du fait de notre nom : Mokiejewski, ça faisait quand même très juif. Or, j'avais un parrain, nommé Lairis, qui occupait le poste d'adjoint au maire de Nice. À l'époque, il n'y avait pas d'ordinateur, tous les dossiers de l'état civil étaient rédigés à la main. Moi, je suis né en 1933. Pour me vieillir, mon parrain est arrivé à maquiller ma date de naissance sur les registres. Il a gardé le 6 juillet mais a changé 1933 en 1929. Pourquoi ? Parce que je devais partir en Algérie par bateau depuis Toulon. Mais un enfant de 9 ans, seul, ne pouvait pas embarquer. En revanche, à 13 ans, c'était possible. C'est pour cela que l'on m'a vieilli, pour que je puisse prendre le bateau...

Pendant très longtemps, j'étais très content d'être plus vieux. Ça m'a permis de me marier alors que je n'avais que 13 ans effectifs et 17 sur le papier ! J'ai donc laissé courir pendant des années.

Ce n'est qu'une fois atteinte la soixantaine que j'ai commencé à faire machine arrière. Seulement, il m'était impossible de prouver la fraude : les registres avaient été brûlés pendant la guerre ! Du coup, j'ai été obligé de faire des analyses. On m'a envoyé à l'institut scientifique de Lyon, là où on découpe les cadavres. Ils m'ont fait les mêmes prélèvements que pour identifier un cadavre, pour voir quel âge j'avais. À la fin, un professeur est venu me dire :

— Monsieur Mocky, il est certain que vous n'avez pas l'âge écrit sur vos papiers, mais je ne peux pas remonter au-delà de deux ans. Vous affirmez que vous êtes né en 1933, moi, je dirais en 1931.

Je suis reparti à la chasse aux informations et j'ai retrouvé une vieille infirmière de 94 ans. Elle avait 34 ans à ma naissance et faisait de la musique avec ma mère. Elle se souvenait très bien du jour où ma mère a accouché, à la clinique du boulevard Tsarévitch, à Nice. Le même jour, était né un autre enfant. On l'a retrouvé, il était né en 1933 !

Seulement, l'infirmière était tellement âgée que ça ne pouvait pas constituer une preuve.

Comment prouver mon âge ? J'espère finir par avoir une nouvelle carte d'identité. M'attribuant comme année de naissance non pas 1933, puisque je ne dispose pas de preuve tangible, mais au moins 1931.

Deux ans, c'est toujours ça de gagné !

*

Quand j'étais à l'école avec Charles Pasqua, il avait une tête en forme de ballon de rugby sur un corps déjà gros.

Moi, je ramassais les filles. Pas lui.

Ça l'a sûrement marqué et explique ses comportements futurs.

En plus, c'était un terrible cancre, alors il redoublait toutes les classes.

C'est comme ça que j'ai fini par le croiser alors qu'il était plus vieux que moi !

*

À 16 ans, je me suis mis à travailler pour un photographe d'enfants, M. Natkin, 16, boulevard Victor-Hugo à Paris. Il s'était spécialisé dans les portraits d'enfants et de bébés très chic, qu'il faisait payer très cher aux parents. C'était pas du Photomaton.

Pour trouver une nouvelle clientèle, il avait besoin de contacter des familles avec de jeunes enfants. Il avait engagé des jeunes, dont moi, chargés d'aller interroger les concierges des quartiers chic pour savoir s'il y avait des enfants dans l'immeuble. Une fois qu'elles étaient repérées, identifiées, Natkin envoyait un courrier aux familles.

Je faisais ça depuis un moment quand, un samedi, arrivé à un coin de rue, je suis tombé sur un car de police qui m'a arrêté. Ils m'ont emmené au commissariat de l'avenue Victor-Hugo. Je leur ai expliqué que je travaillais pour un photographe mais, comme c'était un samedi, Natkin était injoignable. Les flics me regardaient d'un air bizarre, me soupçonnant de pédophilie, de rapt d'enfants ou que sais-je encore. Ils m'ont laissé croupir en cellule pendant tout le week-end.

Quand j'en suis sorti, j'ai arrêté ce travail.

*

Étudiant, j'avais besoin d'argent. Normal, pour un étudiant.

J'ai rencontré un Libanais qui tenait une librairie, rue de la Lune, nom prémonitoire quand on sait ce qu'il m'a demandé de faire.

Ladite librairie était tout à fait classique, à cette exception près qu'elle possédait un rayon érotique particulièrement bien achalandé. Il y avait notamment des photos réunies sous forme de dépliants, comme pour des photos touristiques. Au lieu que ce soit des vues de Paris, c'étaient des femmes nues. Les photos étaient prises auprès des professionnelles de Pigalle. Tout ça était très soft.

Le libraire nous avait engagés, une jeune fille de 18 ans, qui était ma maîtresse, et moi parce qu'il s'était dit que sa « clientèle » serait émoustillée de voir deux jeunes vendre des photos de nus. C'est vrai que nous avions plus de chances qu'un vieil obsédé à l'œil torve, bavant sur sa barbe.

Nous vendions donc ces dépliants dans la rue de la Lune. Cette rue, qui monte, est située dans un quartier de putes, qui montaient aussi. On exhibait les photos aux touristes et à des messieurs un peu bizarres. Ça a très bien marché et j'en garde un bon souvenir.

Dommage qu'Internet ait cassé ce genre de petits commerces, sinon j'aurais bien repris le métier.

*

J'ai connu Alain Resnais au cours Simon.
Il essayait de devenir comédien, mais il était très mauvais. Il s'échinait à passer les Stances de *Polyeucte*.
Déjà, les Stances de *Polyeucte*, c'est chiant, mais dites par Resnais, c'était épouvantable.

*

Au Conservatoire, j'ai eu Louis Jouvet comme professeur.
C'était un homme froid comme un glaçon, sans doute parce que son premier métier avait été pharmacien. Comme il n'avait pas beaucoup de temps, il ne s'occupait que de la classe d'ensemble, une fois par semaine.
La première scène que j'ai jouée face à lui, c'était un passage des *Frères Karamazov*. J'y avais Belmondo pour partenaire. À la fin du cours, il m'a fait venir et m'a dit :
– Toi, tu es un marginal. Tu ne devrais pas être là.
J'ai senti une certaine tendresse derrière sa froideur.
– Toi, a-t-il ajouté, tu es un aventurier. Les autres, ce sont des élèves.

*

J'étais copain d'Annie Girardot parce que, à ses débuts, elle était un peu grosse. Comme Josiane Balasko. Je ne l'ai pas prise en pitié, mais je me suis toujours plus facilement lié avec les gens qui sont à l'écart, différents. Ils sont délaissés, donc moins snobs et plus agréables à fréquenter.

Annie jouait les personnages de bonne dans les Molière et je sortais avec elle. Brusquement, elle a été adoptée par la jeune bande de la Comédie-Française – Robert Hirsch, Jacques Charon... – qui en a fait son idole et l'a « amaigrie », en quelque sorte. Ils ont transformé Toinette en jeune première.

Grâce à eux, Girardot a perdu ses kilos et a connu un démarrage foudroyant. Comme quoi, le physique étouffe parfois le talent.

*

Jeune, on me confondait avec Gérard Philipe. D'ailleurs, quand René Clair a tourné *Les Belles de nuit*, il avait besoin d'un sosie pour une scène où Philipe se dédouble ; c'est moi qui ai joué ce double.

Plus tard, on m'a confondu avec Delon. Quand nous étions jeunes, bien sûr ; aujourd'hui, la ressemblance est moins frappante.

*

En 1970, je présentais *Solo* dans un festival en Sicile. Peter O'Toole était là aussi. Le soir, nous sommes sortis entre hommes. Une superbe brune est venue me demander un autographe. Je ne l'ai pas laissée partir. Nous avons fait l'amour sur la plage. Le lendemain, je suis reparti en France en lui laissant mon adresse.

Quatre ans plus tard, j'ai reçu une carte postale accompagnée de photos d'enfants. J'étais père de jumeaux ! Je ne me suis pas défilé : j'ai pris le train puis le bateau pour la Sicile – je déteste prendre l'avion. Je n'en menais pas large parce que les pères siciliens ont la réputation de ne pas être tendres avec ceux qui font des enfants à leurs filles et se sauvent. Je risquais de finir revolvérisé et d'être enterré sous un figuier.

Contre toute attente, la fille s'est montrée charmante. Elle ne me demandait rien, travaillait comme couturière et voulait élever ses enfants toute seule. Elle voulait simplement me donner régulièrement des nouvelles de nos fils. Je suis parti en laissant ma progéniture derrière moi.

Depuis, ils m'envoient de l'huile d'olive et des jambons !

*

Je ne m'entends pas très bien avec mon fils : je déteste ce qu'il fait au théâtre et il déteste ce que je fais au cinéma.

On ne se voit pas souvent.

*

Devant une commode de famille de valeur – l'un des rares trucs que j'ai gardés car j'ai toujours tout vendu pour survivre et surtout pour faire des films –, un de mes chers fils m'a dit :

— Quand tu vas crever, combien je vais toucher avec cette commode ?

Cet élan de chaleur filiale m'a fait chaud au cœur.

Avant qu'ils puissent hériter, je veux que mes dix-sept enfants soient soumis à un test ADN !

Un homme ne peut jamais être sûr des liens qu'il a avec ses prétendus enfants.

*

J'ai une méthode infaillible pour arrêter de fumer des pétards, des joints, ou ce genre de choses. Je l'ai testée et elle a très bien marché.

J'étais en tournage au Maroc pour *Le Paradis des pilotes perdus*, avec Daniel Gélin. Or, Gélin était accro à toutes les substances. Un soir, il m'a fait fumer du kif, une herbe locale. Je ne savais pas ce que c'était, je croyais que c'était une cigarette normale, j'ai tiré quelques taffes. Ça m'a mis dans un état un peu euphorique, mais ça m'a surtout filé un sacré mal de crâne. J'ai arrêté.

Le lendemain, Gélin est revenu me charrier et m'a poussé à fumer entièrement une seconde cigarette. J'étais jeune, j'étais naïf, je l'ai fait. J'avais à peine fini que j'ai vomi toutes mes tripes. La nourriture locale n'étant pas terrible, tout y est passé.

Je peux vous garantir que ça m'a dégoûté à vie de fumer de telles saloperies. Je n'ai plus jamais touché à aucune drogue.

*

Je me suis beaucoup battu dans ma vie.

Moins maintenant, parce que je me suis fait refaire toutes mes dents et, au prix que ça coûte, je n'ai aucune envie de recommencer.

*

J'étais en repérage à Dieppe avec mon chef opérateur. Nous avions faim, nous sommes entrés dans un restaurant un peu tardivement.

Nous avons commandé un plateau de fruits de mer. On nous l'a apporté, il était miteux avec que des bigorneaux, ni huîtres, ni langoustines, ni rien de tout ça. J'ai appelé le patron, il m'a expliqué que, en raison de l'heure tardive, il n'avait plus que ça en cuisine. Bon.

Très peu de temps après est arrivé un couple qui s'est installé non loin de nous. Il a commandé un plateau de fruits de mer. Et là, je vois arriver un plateau magnifique, avec tout ce qu'il faut.

J'ai piqué une colère et j'ai dévasté le restaurant, cassant tout sur mon passage. J'ai même jeté un serveur sur une table. Ça a fini en bagarre rangée.

Moralité : quand on me cherche, on est sûr de me trouver.

*

Un soir, j'étais avec le cinéaste allemand Rainer Werner Fassbinder et son amie Ingrid Caven, qui venait de chanter au Palace. Fassbinder était ivre mort et Caven était habillée d'un somptueux manteau de fourrure blanc. De l'hermine ou une connerie comme ça.

Nous avons remonté la rue Saint-Fiacre pour nous rendre au restaurant Le Pied de cochon, situé à cinq cents mètres.

Brusquement, trois mecs ont surgi de l'ombre, attirés par ce manteau tout blanc. Fassbinder titubait. Les mecs voulaient piquer le manteau. Ils me sont tombés dessus. J'ai reçu un coup de couteau dans le bras, dont je garde encore la cicatrice. La vue de mon sang m'a rendu complètement fou. Je me suis rué sur un gars et je crois que je lui ai pété les couilles d'un violent coup de pied. Il en est tombé par terre.

Les deux autres avaient aussi des couteaux. Je ne savais pas comment me débarrasser d'eux quand un voisin, attiré par les cris de la fille, est sorti avec son chien-loup. Les voleurs, à la vue du chien, ont foutu le camp.

Depuis, je conseille à toutes les femmes portant un manteau d'hermine de ne jamais oublier leur chien-loup quand elles sortent dans Paris la nuit.

*

Au début du festival du cinéma fantastique d'Avoriaz, un train spécial était affrété depuis la gare de Lyon. Il était entièrement décoré de toiles d'araignée, de spectres, un vrai train fantôme.

J'y suis monté avec la jeune fille du producteur du *Témoin*, que j'étais chargé de protéger. Nous étions tranquillement assis dans un compartiment quand un mec est arrivé. Il s'est approché de la fille pour la draguer de façon très vulgaire.

Je me suis levé :
– Tu vas t'arrêter ?
– Qu'est-ce que tu veux ?

Je l'ai attrapé par le col, je lui ai filé deux *uppercuts* d'une telle violence que je me suis cassé un doigt. En tombant, le type s'est cogné la tête et du sang a coulé.

Or, ce gars était le petit ami de Marina Vlady. Elle a surgi, elle m'a attrapé à la gorge. Je ne savais pas comment me défendre sans lui casser la figure. J'ai fini par me dégager. Le type était à nos pieds, Marina hurlait. Il a fallu arrêter le train, emmener l'inconscient à l'hôpital.

Par la suite, Marina Vlady n'a jamais manifesté le désir de jouer dans aucun de mes films.

*

J'avoue avoir volé un peignoir blanc dans un grand palace parisien.

C'était un hôtel très cher. Ce n'est pas moi qui payais. Je ne descends jamais dans des hôtels chers quand je dois payer. En fait, la chambre avait été louée par la production pour la promotion du film *Agent trouble*. Je devais y recevoir des journalistes étrangers. Ils n'avaient pas voulu faire ça chez moi car ils ne trouvaient pas ça assez chic. C'est vrai que, avec mes trois meubles dans mon salon – pour échapper aux saisies du fisc –, ça n'a rien de chic.

Bref, ils m'avaient loué cette chambre dans un hôtel de la rue Pierre-Charron. J'ai regardé le prix : l'équivalent de cinq cents euros actuels. Pour une seule nuit !

Ça m'a tellement énervé que j'ai piqué un superbe peignoir avec des armoiries gravées dessus. Au prix de la chambre, ils pouvaient me faire un cadeau !

*

Un soir, un cambrioleur monte-en-l'air est entre chez moi en passant par le toit. Je lui ai offert un verre. Il est reparti par la porte après m'avoir donné un conseil pour dissuader les visiteurs du soir :

– Colle sur les fenêtres un avertissement : « Attention, serpents venimeux ». Mes confrères ont peur des reptiles...

*

Mon destin est curieux : j'ai gagné de l'argent pour des choses que je n'ai pas faites.

Par exemple, la pièce *Thé et sympathie* avec Ingrid Bergman, que je n'ai jamais jouée, ou *Les Seins de glace*, que je devais tourner avec Delon, ce que je n'ai pas fait.

À chaque fois, j'ai gagné de l'argent pour des choses que je n'avais pas faites alors que j'en perdais pour d'autres que je faisais.

On pourrait croire que c'est un hasard mais, sur toute ma carrière, c'est arrivé au moins dix fois. Ça me pousse à croire en quelque chose. Quant à savoir si c'est le diable ou le bon Dieu... mais il y a quand même quelque chose de bizarre là-dedans.

*

J'ai rencontré le « mauvais œil » sur le tournage de *La Cité de l'indicible peur*, près de Salers, dans le Cantal.

Comme j'ai toujours été amateur de « tronches », j'ai engagé un type avec une tête pas possible pour faire de la figuration. Il était considéré comme le sorcier du village, mais je ne l'ai jamais pris au sérieux. Le problème était qu'il picolait comme un malade et passait ses journées entre deux cuites. J'ai fini par le virer.

Il n'a pas apprécié du tout et il est parti en nous maudissant tous. Or, dès le lendemain, nous avons commencé à avoir des problèmes techniques inexplicables. Plus rien ne fonctionnait correctement. Que des trucs bizarres. Chaque jour, de nouveaux incidents, et même tous les jours un peu plus. Pire : ma femme a eu un accident de moto et s'est retrouvée à l'hôpital, les deux jambes cassées.

Je reste convaincu que le « sorcier » nous a jeté un sort. Nous avons payé très cher son « licenciement »...

*

Il m'est arrivé une chose étrange avec Bourvil.
Je l'ai côtoyé jusqu'à sa mort. Nous avions encore des projets ensemble. Un jour, alors qu'il était très

malade, il m'a emmené jusqu'au cimetière de son village. Là, il m'a montré un coin, sous un arbre, et m'a dit :

— C'est là que je veux être enterré.

Très peu de temps plus tard, il est mort. J'ai été à son enterrement. Mais la tombe était creusée de l'autre côté du cimetière. J'en ai parlé à sa veuve pour lui rappeler les dernières volontés du défunt.

— Pas question ! qu'elle m'a répondu.

Je crois qu'elle était furieuse parce qu'elle pensait que Bourvil la trompait.

Plus tard, pleine de remords, elle m'a rappelé :

— Vous avez raison, j'ai eu tort de ne pas l'enterrer à l'endroit qu'il avait choisi. Je vais aller voir si on peut le changer de place.

Elle s'est fait conduire par un ami. Au moment où ils s'approchaient du cimetière, ils ont eu un grave accident d'auto. Elle en est morte...

Je n'ai jamais pu m'empêcher d'y voir un signe du destin... ou de Bourvil.

*

Ce n'est pas la seule chose étrange qui se soit passée avec Bourvil.

Je l'ai revu quelques jours avant sa mort grâce à un portrait de moi que la télé filmait sur la tour Eiffel. Bien que malade, à bout de forces, il a tenu à venir pour m'apporter son témoignage.

Trois jours après, j'étais dans un restaurant chinois. À 21 h 22, j'ai vomi sur la table. Je vomis rarement et jamais dans un restaurant, même chinois. Je ne savais pas ce qui se passait.

C'était l'heure précise où Bourvil est mort.

*

J'ai assisté à bien des enterrements.

Le plus incroyable fut celui de mon ami Jean-Claude Rémoleux, qui a joué dans plusieurs de mes films et qui était complètement fou. Le jour de ses obsèques, il faisait un froid de gueux. Les croque-morts ont fini par se casser la gueule sur le sol gelé. Le cercueil a basculé dans une énorme flaque d'eau.

On aurait dit un gag de Laurel et Hardy.

*

Je n'ai jamais fait tourner des tables et je n'ai, à ma connaissance, jamais eu de contact direct avec l'au-delà.

En tout cas, si quelqu'un là-haut veut me joindre, qu'il m'appelle sur mon portable.

*

Je ne crois pas en la réincarnation.

Quoique j'aie vécu une expérience bizarre avec un de mes chiens.

C'était une chienne tout à fait normale, tranquille, discrète ; sauf quand je parlais de ma mère. Chaque fois que je parlais de ma mère, ma chienne arrivait en courant et se collait à moi. Elle pouvait se trouver dans une autre pièce, à un autre étage ; chaque fois que j'évoquais le souvenir de ma mère avec quelqu'un, elle rappliquait. En plus, je trouvais sa présence très apaisante.

Au point que j'ai fini par me demander si cette chienne n'était pas la réincarnation de ma mère.

Moi, si je dois être réincarné, j'espère que ce ne sera pas en cabot. Il y en a déjà trop dans le métier.

*

Je veux mourir en travaillant. Je tomberai sur la caméra comme un vieux chêne renversé.

*

Quand je serai mort, il est possible qu'on parle plus de moi que de Luc Besson.

*

Je pourrais faire inscrire sur ma tombe : « Tout le monde voulait faire ce qu'il faisait. Ne le faisant pas, ils le détestèrent. »

Cette liberté me fait exister. Jusqu'à ma mort, je continuerai à emmerder les gens.

Pensées religieuses

Mon père était juif, ma mère était catholique mais je me considère comme juif. Ce qui ne m'a pas empêché de commencer ma scolarité chez les curés. De là vient ma colère contre eux...

J'avais 8 ans et demi quand un curé de l'institut Fénelon à Nice a voulu me toucher la bite. C'était un professeur de piano. Il était assis à côté de moi et il a essayé de me tripoter. J'ai senti sa main glisser le long de ma cuisse.

C'est la première fois que j'ai donné un coup de poing à quelqu'un. Je lui ai cassé le nez. J'ai été viré.

Ma mère, qui était très catholique, ne me croyait pas :

— Il t'a simplement mis la main sur le genou, me répétait-elle.

Pas du tout, il essayait vraiment de me toucher la bite !

Depuis ce jour-là, j'ai l'Église en horreur. Et dans tous les films que j'ai faits, il y a toujours une petite pointe contre les prêtres.

*

Il y a eu tellement de scandales dans l'Église ancienne et contemporaine que les prêtres feraient mieux de la boucler.

*

En Italie, j'ai eu une altercation avec un des cardinaux du Vatican.

C'était au cours d'un dîner dans un des salons du palais du Quirinal, à Rome. Ils font des dîners à tout propos là-bas.

Il a eu tort de m'inviter. On s'est mis à parler des prêtres et de leur vœu de chasteté... Je lui ai dit :

– Ils font peut-être vœu de chasteté, mais ils ne le tiennent pas, leur vœu !

Le ton est monté. J'ai fini par lui crier :

– Vous n'avez qu'à vous marier ! Parce que votre problème vient de là : vous avez une bite et vous avez envie de vous en servir !

Ça a fait un scandale terrible.

*

L'auteur d'*Un drôle de paroissien* était un chimiste qui avait perdu son emploi.

Il pillait les troncs d'église pour faire vivre sa famille. Son raisonnement était le suivant :

– Quand j'étais petit, on me disait de mettre de l'argent dans les troncs pour les pauvres ; maintenant que je suis pauvre, le curé ne veut pas me donner de l'argent des troncs. Donc, je vais le prendre.

*

Pour *Un drôle de paroissien*, j'avais prévu de tourner dans vingt-cinq églises.

Il n'était pas question de construire vingt-cinq décors d'église en studio. J'avais besoin des autorisations de la Centrale catholique, qui était alors très puissante. Son siège se trouvait non loin de l'église Saint-Philippe-du-Roule, à Paris à côté des Champs-Élysées.

C'était un endroit d'aspect très sévère. Ça sentait le monastère : les chaises étaient en bois, il n'y avait pas de canapés, pas de fauteuils, pas de tapis...

J'arrive là, il était six heures moins cinq. Je n'avais pas de rendez-vous et je pensais que ça fermait à sept heures. J'entre là-dedans. Personne. J'entrouvre une porte. Personne. Plus loin, une autre porte. J'entrevois un type chauve avec les cheveux taillés en pointe comme le diable. Il était en train de se faire sucer par sa secrétaire. Je la voyais très bien entre ses jambes. Je fais un peu de bruit. Il se rhabille !

J'entre. La fille venait de se relever. Lui était très gêné, mais moi aussi. Je ne savais pas qui il était. J'ai su par la suite qu'il n'était pas prêtre mais qu'il avait des responsabilités dans la Centrale. La bonne femme s'en va en rougissant. L'autre me regarde et me dit :

– Monsieur Mocky, je vous connais.

Je lui explique que j'ai besoin de tourner dans vingt-cinq églises. Comme il savait ce que je venais de voir, il s'est montré conciliant et m'a écouté.
— C'est pour quoi ?
— C'est pour l'histoire d'un pilleur de troncs.
Le gars devient vert et me dit :
— Sortez !
Je sors. Je vais voir mon producteur, Diamant-Berger. Il réfléchit, en parle à sa femme, et me conseille :
— Tu vas retourner là-bas pour lui dire que les scènes de vol des troncs, on ne les tournera pas dans les églises. On veut simplement des autorisations d'entrée et de sortie dans les églises.
Je retourne voir le gars. Il me répond :
— Je vais en parler à l'archevêque de Paris, mais je ne vous promets rien.
Moi, je commençais à en avoir marre.
— Qui êtes-vous ? je lui demande.
— Je suis un ancien clown de Medrano, converti.
— Écoutez, si vous ne me donnez pas l'autorisation de tourner dans les églises, je change immédiatement de sujet et je filme la vie du curé d'Uruffe.
Le curé d'Uruffe, c'est une histoire qui date de 1956. Le curé d'une petite bourgade près de Dijon a mis enceinte une jeune fille. Il l'a tuée d'une balle dans la nuque avant de lui ouvrir le ventre pour en retirer l'enfant. Ça avait fait scandale à l'époque.
— Vous ne voulez pas que je fasse une gentille comédie sur les pilleurs de troncs, qui existent, alors je vais faire cette histoire de curé d'Uruffe. Et je vais en profiter pour raconter à vos supérieurs que vous

vous faites faire des pipes dans votre bureau alors que vous interdisez des films dès que l'on y voit un cul.

Le gars est devenu rouge...

Quelques jours après, je recevais mon autorisation pour tourner dans vingt-cinq églises, avec pour recommandation de ne pas gêner les cérémonies religieuses.

*

À Lourdes, il se passe de drôles de choses : on vend de l'espoir aux malades.

On ne doit jamais vendre de l'espoir, on doit le donner.

*

Le Miraculé, qui est mon dernier film contre la religion, est né bizarrement.

Au départ, je devais faire un western avec Johnny Hallyday et Eddy Mitchell, qui s'étaient mis dans la tête de faire un *remake* de *Règlements de comptes à OK Corral*. C'était une idée de Johnny, qui voulait reprendre le rôle de Lancaster. Comme ils m'aimaient bien tous les deux, ils ont orchestré ça.

Je pars en Espagne pour repérer les extérieurs. C'est là-bas que se tournaient tous les westerns italiens, notamment ceux de Sergio Leone, dans la région d'Alicante. En rentrant, je suis passé par Burgos pour manger des écrevisses, parce que ma femme de l'époque adorait ça. Puis on a traversé les Pyrénées et on est passés près de Lourdes. Nous avons dormi à l'hôtel. Ma femme se réveillant tard et moi tôt, j'ai pris ma bagnole et je me suis rendu à Lourdes. Comme ça, pour voir.

Je suis d'abord passé devant une cour où il y avait des bonnes femmes assises autour d'une roue, comme une roue de charrette. La roue tournait et ces dames mettaient quelque chose avec un pinceau. Je suis entré et je me suis rendu compte qu'elles étaient en train de mettre du bleu sur des médailles de la Vierge. Elles ne faisaient que ça à longueur de journée. Mille cinq cents médailles par jour ! Il y en avait une qui ressemblait à Simone Signoret. Elle m'a reconnu et m'a dit :

– Monsieur Mocky, vous devriez dire ce qu'on nous fait faire ici !

J'ai continué mon chemin et je me suis retrouvé dans une rue avec plein de commerces de bondieuseries. Au milieu, il y avait une toute petite vitrine avec marqué « À vendre. » Vraiment un petit truc. Pas plus de trois mètres carrés. Un couloir avec une petite devanture. Curieux comme je suis, je suis entré et j'ai demandé le prix au mec. Quatre millions de francs ! Un chiffre exorbitant déjà à l'époque. Je lui ai demandé pourquoi un tel prix, et il m'a sorti les registres de son chiffre d'affaires. C'était énorme !

Je suis ressorti pour continuer ma promenade. J'ai vu des Vierges qui s'allument, des papes dans des boules à neige, des tas de trucs. J'ai fini par entrer dans l'enceinte de Sainte-Bernadette et j'ai vu des types en short, avec des bobs sur la tête, en train de remplir des bidons d'eau bénite. Tout autour, j'entendais des chants. Je croyais qu'il y avait des chœurs, mais je ne les voyais pas. J'ai contacté un ramasseur de cierges. Son boulot consistait à ramasser les petits bouts de cierge qui ne sont pas consumés, à les fondre et à en tirer de nouveaux cierges qui sont ensuite revendus. Je lui ai demandé :

– Ils chantent toute la journée ?

Il m'a conduit jusqu'à une porte. Il l'a ouverte. Il y avait un handicapé qui appuyait sur des boutons pour lancer de la musique enregistrée. Rien n'était vrai !

Plus loin, il y avait des curés qui proposaient des messes :

– Vous voulez une messe ? Pour votre grand-père, votre grand-mère ou quelqu'un de proche ? Venez me voir.

C'était payant. Cher. J'ai assisté à une messe et ça donnait ça : le prêtre avait une liste de noms qu'il lisait à une allure incroyable. Jamais je n'ai vu quelqu'un lire si vite. Il disait au moins deux cents noms en deux ou trois minutes. Il aurait dû passer dans un cirque, ce gars-là !

Dans un autre coin de cet immense parking, j'ai vu des confessions à la chaîne. À l'extérieur et devant tout le monde ! Si un type disait : « J'ai honte parce que je me suis branlé toute la nuit ! », ceux qui attendaient derrière entendaient tout. C'était hallucinant.

Je suis sorti de là médusé.

Et ce n'était pas fini !

Dans la basilique, j'ai constaté que tous les sièges étaient numérotés. J'ai demandé pourquoi. On m'a dit que les gens venaient là, s'asseyaient au hasard sur une chaise. Puis ils regardaient le numéro et le jouaient au loto ou dans n'importe quel jeu de hasard. Comme c'est un lieu que l'on dit miraculeux, ils espéraient un miracle au jeu ! Je ne sais pas si cette méthode a donné d'heureux résultats...

Tout ça m'a vraiment débecté et m'a donné envie de faire *Le Miraculé*.

*

À Lourdes, les pensions sont très bon marché. Vous pouvez dormir et manger pour pas cher. Ce qui explique l'affluence. En revanche, on vous pompe votre pognon avec les souvenirs, les médailles et tous ces machins-là.

Or, la plupart de ces boutiques appartiennent à l'épiscopat. Les petits commerçants indépendants sont rares. C'est l'Église qui exploite les malheureux.

*

C'est à Lourdes que l'on m'a raconté une « vérité » sur Bernadette. Je la tiens de Lourdais pure souche, ceux-là mêmes qui détestent tout le trafic fait autour de la Vierge et ce qu'est devenue leur ville, foire à la religion.

Voici donc cette version. Je ne sais pas si elle est véridique mais, au moins, elle est originale.

Bernadette était une brave petite fille un peu simplette. Un peu fada, comme on dit dans le Midi.

Elle était en train de ramasser de l'herbe pour ses lapins devant une grotte. Soudain, elle a entendu des bruits étranges, ressemblant à des voix. Or, à l'intérieur de la grotte, se trouvait la femme du maire, qui était en train de se faire baiser par le brigadier de gendarmerie.

La dame, qui avait rendez-vous à la mairie pour une réception, était habillée d'une belle robe bleue. Elle ne pouvait pas sortir avec le brigadier parce que l'autre connasse était en train de ramasser de l'herbe. Elle décida de sortir seule de la grotte.

La petite, qui ne s'attendait pas du tout à ça, a été comme illuminée. Elle a pris la femme adultère pour la Vierge Marie. Elle a couru au village prévenir le prêtre.

– J'ai vu la Vierge ! J'ai vu la Vierge !

Ce salopard de prêtre – qui avait parfaitement compris la situation – s'est dit qu'il tenait là un bon moyen de retenir les catholiques. Plutôt que de mettre en doute les propos de la gamine, il a préféré diffuser la rumeur qu'elle avait vu Marie !

La suite, vous la connaissez...

*

Au moment de la sortie du *Miraculé*, le père Di Falco, chargé par l'épiscopat des relations avec les médias, a affirmé au journal de 20 heures que mon film était une « œuvre sacrilège et un film exécrable au plan artistique ». On s'est retrouvés face à face à la télévision, où je l'ai traité de tous les noms.

Quelques années plus tard, j'ai sorti *Les Ballets écarlates* sur la pédophilie et Di Falco est revenu à la charge en disant que ce film était une honte. Il avait à peine fini d'éructer qu'il était mis en cause pour une affaire de pédophilie !
Vous pensez combien j'ai jubilé...

*

Aujourd'hui, les prêtres sont devenus une minorité. Ils sont de moins en moins nombreux et de plus en plus décriés.
Les minorités, moi, je ne les attaque pas. Les prêtres vont finir par disparaître d'eux-mêmes.

Pensées féministes

Je ne suis pas misogyne.
Les gens croient que je suis misogyne parce que je montre les femmes avec leurs défauts.

*

Je suis féministe parce que j'aime les femmes, mais je suis misogyne quand les femmes sont un peu connes, ce qui arrive souvent.

*

On veut me faire passer pour un macho, mais je vous jure que les femmes que j'ai aimées comme celles que je n'ai pas eues ou celles qui m'ont quitté vous diront toutes que je suis d'abord un grand con romantique.

*

Je serais ravi de voir une femme présidente de la République. Ça me plairait beaucoup...
Pour voir si elle fait autant de conneries qu'un homme.

*

Il y a une actrice célèbre, que je ne citerai pas, qui ne parle que grossièrement. Elle dit tout le temps :
– J'en ai plein le cul !
Ou :
– J'ai la chatte qui me démange !
Personnellement, je ne supporte pas une femme qui dit que des gros mots. Ça ne l'a pas empêché de faire carrière.

*

La grossièreté sied plus aux jolies femmes.
L'idéal, ce serait une jolie femme qui dise des gros mots avec finesse.

*

Je ne pense pas qu'une femme doive faire quoi que ce soit pour séduire un homme. Au contraire, elle doit rester naturelle.
Une femme qui ferait des efforts pour me séduire ne me séduirait pas du tout. J'y verrais le calcul et le manque de sincérité.

Si une femme fait un effort pour séduire, ça peut se retourner contre elle. Une femme ne me séduira jamais en disant :
— Monsieur Mocky, les films que vous avez faits, quelles merveilles !

Ça, c'est une courtisane. Je m'en méfie comme de la peste car si elle fait ça avec moi, elle risque de le faire avec d'autres. La courtisane cache toujours quelque chose.

Dans son intérêt, une femme doit rester telle qu'elle est.

*

Par nature, les femmes sont autant, sinon plus, hypocrites que les hommes. Du seul fait qu'elles n'ont pas besoin d'avoir une érection.

Une femme n'a pas besoin de montrer qu'elle est satisfaite, elle peut le simuler. Un homme ne le peut pas. Par cette différence physiologique, il est certain qu'il y a un tout petit peu plus d'hypocrisie chez la femme.

*

Très souvent, les hommes épousent des secondes mains.

Leurs compagnes ont subi des opérations esthétiques, eu des liaisons, des maternités. Marquées par leurs partenaires, elles ont déjà trop vécu.

*

J'ai remarqué que, passé la quarantaine, les femmes n'ont plus rien à perdre. Sachant que leurs jours de sexualité sont comptés, elles n'ont plus aucune pudeur et vous font un rentre-dedans incroyable.
Ce sont des *desperados* qui tirent leurs dernières munitions.

*

À 45 ans, une femme qui est veuve ou divorcée est très difficile à caser.
C'est comme une vieille bagnole de 90 000 kilomètres. Il y a des amateurs, mais ils sont rares.

*

Les histoires romantiques finissent toujours mal. Si Roméo et Juliette avaient vécu ensemble, ça se serait forcément mal terminé !

*

Se disputer, c'est la santé d'un couple.

*

L'érotisme conjugal, c'est se comporter avec sa compagne de tous les jours comme avec une maîtresse de passage.

*

J'étais un grand dragueur.

Je déambulais dans les rues comme un renard qui cherche une proie. On marchait à deux pour se donner du courage. À quelques pas devant nous, se trouvait le troisième larron. L'un de nous allait importuner une fille et l'un des comparses venait à son secours et prenait langue avec elle...

Nous avions d'autres combines : on laissait tomber une pièce par terre, on disait :

– Mademoiselle, vous venez de perdre quelque chose !

Le contact était fait et on emballait...

Un de mes territoires de chasse était le départ des bus d'Orly, aux Invalides. Je repérais les femmes en larmes qui disaient au revoir à leur mari. Je les réconfortais, je les amenais au café, et hop, je les sautais !

*

Il faut savoir faire rire une femme. La mettre dans une ambiance souriante, agréable.

Elles aiment bien les types amusants. Mais pas trop. Elles n'aiment pas les guignols.

Il ne faut pas faire dans l'excès, sinon vous tombez dans le syndrome du boute-en-train : vous faites rire une femme, vous la chauffez, mais c'est un beau ténébreux qui traîne dans le coin qui va l'emmener dans son lit.

*

Je fuis les femmes mariées, car elles sont toujours source de problèmes ; elles traînent derrière elles des types avec des revolvers ou des envies de vengeance.

Ça m'est arrivé une fois, sans le savoir.

C'était au Festival de Venise. Il y avait une jeune femme assise dans le hall de mon hôtel. Elle avait l'air toute seule. Elle me souriait. Durant trois jours, je la voyais toujours là, au même endroit. J'ai fini par l'inviter et par l'emmener dans ma chambre.

Une fois notre affaire faite, j'ai appris qu'elle était la femme d'un grand producteur de cinéma. Celui-là même qui m'avait invité à Venise parce qu'il voulait produire mon prochain film ! Cette garce couchait avec des mecs pour énerver son mari. Le type l'a appris et ne m'a pas fait faire de film.

C'est dire ce que ça coûte de coucher avec une femme mariée.

*

Dans les années 1990, ne trouvant pas de femme, je me suis mis à en chercher une en passant par des agences matrimoniales. Je me suis inscrit dans une agence qui était dirigée par la petite-fille par alliance du maréchal Pétain, faut le faire.

Chaque mois, elle organisait une choucroute-partie dans une auberge en bordure de bois. Elle y réunissait tous ses clients en pensant que des couples allaient se former.

J'y suis allé deux fois. Je me suis aperçu qu'il y avait une énorme majorité d'hommes pour très peu de femmes. 80 % d'entre elles avaient 45 ans et plus. Curieusement, il y avait deux ou trois jeunes filles, de 18 à 22 ans, dont une Indienne, très belle.

L'idée de la directrice était de faire comme à Pâques : elle cachait des objets publicitaires, qu'elle avait dû avoir gratuitement, dans le bois, et tous ses clients devaient aller les chercher. Elle se disait que ça créerait des liens.

Ça créait surtout une sacrée pagaille. Les jeunes filles manquaient de se faire violer derrière chaque arbre.

Tout ça m'a donné l'idée de faire mon film *Alliance cherche doigt*, qui avait pour slogan : « Une histoire d'amour avec du poil autour. »

*

Respecter une femme, c'est ne pas lui faire de cadeaux.

*

L'homme passe pour un imbécile quand il fait trop de cadeaux à une femme.

*

L'une des clefs de la séduction pour un homme est de ne jamais rien offrir.

Si vous n'offrez jamais de cadeaux à une femme – pas une fleur, rien –, vous avez non seulement la certitude que la femme n'est pas avec vous pour votre argent, mais aussi l'avantage de pouvoir vous en sortir facilement.

Car, à partir du moment où vous offrez quoi que ce soit, vous êtes foutu. Vous mettez le doigt dans un engrenage infernal. Si vous commencez à ouvrir les vannes du porte-monnaie, c'est sans fin. C'est exactement comme un gosse à qui vous donnez de l'argent de poche : les premières semaines, il va s'en contenter, et puis il va vous en réclamer toujours plus. Si vous ne lui en donnez jamais, il va rester coi.

*

Les cadeaux ne sont pas la solution.
Ce n'est pas parce qu'un type moche offre une bague à une femme qu'elle va mouiller sa culotte et avoir envie de coucher avec lui. Il lui en faut plus. Plus d'argent ou plus de séduction.

*

Ce qui fait marcher le monde, c'est le cul et l'argent.
Les femmes sont terribles pour cela. Comme elles savent qu'on meurt avant elles, elles vous demandent tout de suite une assurance-vie.

*

Pourquoi est-ce que les femmes se font offrir des bijoux ?

Par crainte de l'avenir. Elles se disent : « J'engrange un maximum de bijoux maintenant et, quand je serai à l'hospice, je pourrai toujours les revendre pour avoir un meilleur traitement. »

*

Inutile de leur offrir des fleurs, elles n'en ont rien à foutre.

*

Quand j'étais jeune, je volais des fleurs dans les cimetières.

Je me disais que les morts n'ont pas besoin de fleurs et que les fleurs dureraient quelques jours de plus si les femmes à qui je les offrais s'en occupaient un peu. Personne n'y perdait. Et je ne voulais pas dépenser de l'argent pour quelque chose qui allait mourir.

Depuis, j'ai résolu le problème en n'offrant plus jamais de fleurs.

*

Moi, je n'ai jamais payé les femmes.
Heureusement, parce que j'en ai eu sept cents.

*

Je ne veux pas dire que tous les hommes ne doivent jamais faire de cadeaux aux femmes. Certains, parce qu'ils sont moches ou ne possèdent aucun charisme, sont obligés de payer, d'une manière ou d'une autre.

Souvent, ils payent des cadeaux à des boudins, ce qui n'arrange en rien leur situation.

*

Durant les périodes où je ne vivais pas avec une femme, je faisais un rêve récurrent.

Je rêvais d'une jeune fille idyllique. C'était la femme inconnue, une espèce d'idéal féminin qui ne se donne à personne. C'est d'elle dont je rêvais. Une pure ingénue. Je ne l'ai jamais rencontrée dans la vraie vie. Je ne crois pas que ce genre d'ingénue existe.

C'est vraiment la femme rêvée.

*

Nous sommes dans un pays de science-fiction : demain, c'est-à-dire dans quelques années, ce sont les femmes qui occuperont tous les postes à responsabilité. Les hommes deviendront des victimes, ce seront des étalons avec leur queue.

Et moi, j'aurai l'air d'un con.

Pensées sexuelles

Le cul a été inventé par le Seigneur.
L'érection, ce n'est pas moi qui l'ai inventée, c'est Dieu. Je bande parce que Dieu m'a fait comme ça.
Et je n'en ai pas honte.

*

Pour avoir de bons rapports avec une femme, il faut faire du sport.
Mais pas trop. Parce que tous les grands sportifs finissent impuissants. C'est une question d'équilibre, comme pour la nourriture.

*

Le fait d'avoir grandi dans le Midi amène une sexualité plus épanouie que celle d'un type né dans le Nord ou en Normandie. Le soleil change tous les rapports.

*

On m'a surnommé « l'homme aux sept cents femmes ».

Pour arriver à ce résultat, je n'ai pas ressorti une liste de mes conquêtes. Je n'ai jamais tenu de cahier de comptable dans lequel j'aurais inscrit les prénoms : Maryvonne, Germaine, Lucienne et les autres...

En réalité, j'ai fait un calcul.

J'ai commencé à baiser à l'âge de 13 ans. J'en ai 77, ce qui fait plus de sept cent cinquante mois. En sept cent cinquante mois, combien ai-je rencontré de femmes ?

Je peux considérer, avec les souvenirs que j'ai, que certaines semaines, je me tapais deux filles différentes alors que, pendant des mois, je ne touchais qu'à la femme avec qui je vivais maritalement et à qui j'étais fidèle.

En moyenne, j'ai au moins eu une femme par mois. Ça ne représente que douze femmes par an. Parce que, dans ce métier, si vous ne pouvez pas avoir une femme par mois, c'est que vous êtes manchot ou pédéraste. En plus, il y a eu des périodes de vacances où je baisais une vingtaine de femmes différentes en deux mois.

Donc, j'ai fait une estimation et je pense que, avec sept cents femmes, je dois être en dessous de la réalité.

On ne pourra jamais connaître le chiffre exact. Hélas.

*

Bien que je ne prenne jamais l'avion, j'ai couché avec beaucoup d'hôtesses.
Jamais avec des femmes contrôleuses de train. Pourtant, je prends souvent le train.

*

On boit, on mange, on baise, on dort... c'est la vie.
Et on a d'autant plus envie de boire, de baiser et de dormir que ce que l'on fait comme métier ne nous plaît pas.

*

Il y a des hommes qui ont réalisé leur rêve – en étant chercheur ou artiste, par exemple.
Mais tous les autres n'y sont pas parvenus. L'un voulait être peintre et se retrouve postier, l'autre rêvait d'être musicien et finit pompiste. Ces gens-là constituent la majorité de la population. Ils ont des vies tristes. Le soir, ils rentrent chez eux après une morne journée de travail. Ils retrouvent une femme qui commence à vieillir. Ils ont, parfois, des rapports sexuels dans l'odeur de graillon ou de lessive.
Pour égayer un peu leur vie, ils vont au Club Méditerranée ou dans des campings, qui sont des endroits de partouze.
Mais surtout, ils prennent une maîtresse. Pour avoir une maîtresse, il leur faut une belle voiture, ils ne vont pas y aller en trottinette. Il faut de beaux vêtements. Un type qui a un costume à deux balles,

s'il veut espérer baiser une fille pas trop moche, il doit s'acheter un costume plus cher.

En plus, il faut emmener la fille au restaurant et lui faire des cadeaux. Et je ne parle pas des putes ni des call-girls. Tout ça coûte cher. Je ne connais pas d'individu normal qui ait une maîtresse à l'œil, ça n'existe pas. Même si le mec est merveilleusement beau et superbement monté, il doit payer à un moment ou un autre. Même si la fille ne demande pas d'argent directement, le fait de l'emmener bouffer, de prendre une chambre d'hôtel ou de passer un petit week-end avec elle, ça coûte.

Et puis il faut penser à tous ceux qui ont des envies sexuelles « hors norme ». Plus c'est « hors norme », plus c'est cher !

Pour financer tout ça, les types finissent par piquer dans la caisse.

Il y a aussi le pot-de-vin, qui présente un double avantage pour un type : d'abord, sa femme n'est pas au courant, ensuite, il en dispose à sa guise sans que personne le sache. Le pot-de-vin, c'est la Suisse chez soi.

C'est pour ça que je soutiens que le sexe et le pognon dirigent le monde.

*

J'ai été maquereau.

C'était au temps où je travaillais comme plagiste à Nice. J'installais notamment de « confortables » messieurs qui, la plupart du temps, me demandaient si je ne connaissais pas des filles. J'ai recruté quelques copines qui n'avaient pas froid aux yeux, ni ailleurs, et avaient besoin d'argent. Je les ai mises en rapport, si je puis dire, et je touchais mon pourcentage. Plus, souvent, un pourboire de la part du monsieur.

La petite affaire se passait dans une cabine de plage que je mettais à leur disposition. Certains jours, il y avait la queue, dans tous les sens du terme.

Une fois satisfaits, mes clients retournaient s'allonger au soleil où ils ne tardaient pas à s'endormir. Je savais que j'avais fait une bonne journée quand toute ma plage était couverte de messieurs ronflant paisiblement.

*

Une femme ne demande que deux choses : d'abord être baisée, ensuite qu'on soit gentille avec elle.

*

Si vous ne baisez pas une femme, qu'est-ce que vous en faites ?

*

Je me suis déguisé en femme pour aller baiser en Finlande !

Je préparais *Le Paradis* pour Bardot et Brel, qui ne s'est jamais fait. Avec un assistant, j'étais parti à

Turku, un port de Finlande. Là-bas, comme la nuit tombe très tôt, les gens se lèvent tôt et finissent de travailler tôt. Du coup, nous, l'après-midi, nous n'avions plus rien à faire. On a demandé à notre guide où on pouvait rencontrer des femmes. Il nous a appris que, en Finlande, existent des clubs, sortes de dancings très chauds, réservés aux membres. En tant qu'étrangers, nous n'avions aucune chance de nous y faire admettre. En revanche, les femmes étaient autorisées sans cartes. Ils avaient tellement besoin de sang neuf qu'ils laissaient entrer toutes les femmes sans être regardants sur la qualité. Ni une, ni deux, nous avons foncé dans un magasin nous acheter des vêtements pour femmes. Nous nous sommes déguisés.

Et nous sommes entrés !

Une fois à l'intérieur, nous nous sommes rendu compte que les hommes étaient assis autour de tables et attendaient d'être choisis par une femme. Car, là-bas, ce sont les femmes qui choisissent les hommes. Tous les regards masculins se sont portés sur nous. Nous ne risquions pas grand-chose, car les hommes n'avaient pas le droit de venir nous parler. Nous avons foncé aux toilettes où nous nous sommes changés en hommes.

À notre retour, ce sont les femmes qui nous ont regardés avec envie. Comme nous étions étrangers, français de surcroît, nous avons eu une très bonne cote.

*

Dans un couple, l'homme doit dominer la femme, ne serait-ce que sur le plan sexuel.

S'il demande à sa partenaire de se mettre dans telle position et qu'elle refuse, que se passe-il ? Il débande et c'est fini, il n'y a plus de rapport.

*

Les femmes ne sont pas frigides de naissance.

Elles le deviennent parce que personne ne s'en est occupé ou parce que des mecs s'en sont mal occupés. Comme des terrains que l'on laisse en friche.

*

70 % des femmes n'éprouvent pas d'orgasme.

Il faut faire attention car, si vous mettez tout votre talent en œuvre pour les amener à l'orgasme, vous vous retrouvez piégé.

Déglacez une femme, et elle ne vous lâche plus !

Mon conseil, si vous êtes avec une femme qui n'a jamais d'orgasme, c'est de la laisser tomber purement et simplement.

*

Je crois que les gens ne font pas très bien l'amour. Ils ratent leur coup.

S'ils le faisaient bien, ils seraient heureux, ils le diraient partout, ils afficheraient même des fanions avec des pénis en érection.

*

Je suis persuadé que, si on savait ce que tous les politiques font de leur cul, on les cernerait mieux.

*

Au départ, *Les Saisons du plaisir* devait se dérouler dans un Relais & Châteaux.
Pour mon enquête préliminaire, j'avais soudoyé un employé. Il m'avait donné une liste des clients de son établissement. Puis, j'avais relevé les plaques d'immatriculation des voitures et, grâce à un ami flic, noté l'identité de leurs propriétaires. Pas une seule fois les noms ne concordaient.
Mais ce qui m'a paru le plus bizarre, c'est que les clients étaient tous des types de 60 ans ou plus, escortés par des filles de 20 ou 25 ans. Comme ils s'inscrivaient sous de faux noms, j'en ai conclu que ce n'étaient pas leurs femmes. Et je ne crois pas non plus que c'étaient leurs filles.

*

Je préparais *Snobs* et je cherchais un financement.
J'ai rencontré un Suisse bourré de pognon qui s'est dit intéressé, mais à une condition : que je lui fournisse des mâles pour ses partouzes ! Ce type ne jurait

que par les partouzes. Il ne manquait pas de filles
– qu'il recrutait dans une agence de mannequins qui
lui appartenait – mais de mecs.

J'ai appelé quelques copains de bonne constitution, et nous sommes allés à une de ces soirées. Effectivement, il y avait de la donzelle à foison. Mes potes s'en sont donné à cœur joie. Moi, cet étalage de chair offerte ne m'a pas excité. Au contraire, il m'a plutôt dégoûté. J'ai préféré filer à l'anglaise.

Heureusement, mon producteur n'a rien vu. Le lendemain, ravi, il me signait un chèque de 300 000 francs !

*

Un jour, j'ai téléphoné à Charles Vanel pour lui demander s'il avait encore des rapports sexuels. Il avait alors 88 ans. Il m'a répondu :
– Quand je n'en aurai plus, je t'écrirai !
Il est mort aujourd'hui mais j'attends toujours sa lettre.

*

Une postière d'un petit village m'a raconté une histoire incroyable.

Un paquet, destiné à une vieille dame très respectable, attendait à la poste. En dépit des envois d'avis de passage, la dame ne venait jamais le chercher. Un jour, le paquet fait un bruit de moteur. Panique dans le bureau de poste. La police est appelée à la rescousse. Tout le monde pense à une bombe. On finit par ouvrir le paquet et on y trouve un vibromasseur, qui s'était mis en marche tout seul. Eh oui, la vieille dame bien sous tous rapports, qui allait à la messe tous les dimanches, s'était acheté un vibromasseur par correspondance.

Depuis, je me méfie de la sexualité des vieilles bigotes.

*

Bien que nous soyons au XXIe siècle, j'ai l'impression que beaucoup d'hommes – et de femmes – sont restés comme au XIXe : ils ne sont pas très au fait de la sexualité. Non seulement ils n'y connaissent rien, mais ils n'osent pas en parler.

Heureusement qu'est arrivé Internet.

Aujourd'hui, on peut avoir des conversations érotiques sur Internet que beaucoup seraient incapables d'avoir en face à face. L'écran de l'ordinateur sert de masque.

Vous pouvez poser des questions très ouvertes, et très crues, sur la sexualité de votre future partenaire. Ça permet de préparer le terrain, de gagner du temps. Vous faites mijoter votre interlocutrice comme vous faites mijoter une daube ou une blanquette. Vous pouvez même la faire cuire pendant plusieurs heures. Ces prémices remplacent les préliminaires amoureux.

De plus, ça vous permet d'être sur la même longueur d'ondes. Car l'un des risques de la séduction, c'est que vous devez deviner les désirs de votre partenaire. La plupart n'osent pas vous en parler en tête à tête. À vous de deviner si elle est adepte de la fellation ou de la fessée. Alors que, avec Internet, elle est prête à tout vous dire spontanément. Posez les bonnes questions et vous saurez tout ce qu'elle veut sur le plan sexuel.

Oui, Internet ouvre des perspectives insoupçonnées. Malheureusement, je suis fidèle à ma femme.

*

Emmanuelle, ce n'était pas de l'érotisme.

Enfin, pas ce que j'appelle, moi, de l'érotisme. Tout le film n'était qu'un fantasme de bourgeoises mal baisées qui rêvent d'amants ou d'aventures qu'elles n'auront jamais. Hélas, elles ont l'imagination triste.

*

On fantasme beaucoup sur les scènes d'amour au cinéma.

Je peux vous assurer qu'il n'y a rien de plus ennuyeux. Sur le plateau, tout le monde sait que c'est du faux, alors, voir le mec s'agiter sur la femme, ça fait rigoler. Les techniciens se retiennent pour ne pas se marrer. Car la situation se résume à ça : un mec qui s'agite sur une femme sans rien faire !

Avouez qu'il est difficile de le prendre au sérieux.

*

Il existe des femmes qui ne s'intéressent pas du tout à la sexualité.

Ce sont le plus souvent des femmes très religieuses, ou très vieilles. Quand elles étaient petites filles, on leur disait que le sexe était une chose dégoûtante et ces idiotes ont fini par le croire. Pour elles, faire l'amour ne se conçoit que dans l'intention de faire un enfant.

Aucune de ces femmes-là n'a jamais fait de cinéma.

*

Dans notre métier de torturés, il y a beaucoup de putes et de filles ingérables.

J'appelle « putes » les actrices qui sont prêtes à tout pour y arriver. Elles couchent avec tout le monde et n'importe qui dans l'espoir de gravir un échelon ou de trouver un rôle.

D'autres, les « ingérables », sont plus calculatrices : elles ne baisent qu'utile. Elles cherchent le mec qui pourra vraiment les aider et se donnent à lui.

Presque toutes les actrices appartiennent à l'une ou l'autre catégorie.

*

Quand il m'arrive de feuilleter un dictionnaire de cinéma, je vois toutes ces stars glamour qui s'étalent au fil des pages. Elles sont belles, désirables, idéalisées.

Moi, je me demande lesquelles ont fait carrière sans jamais payer de leur personne, sexuellement parlant. Lesquelles ne se sont pas servies de leur cul pour décrocher des contrats ?

Elles ne doivent pas être nombreuses.

*

Si on connaissait le passé de la plupart de nos « grandes » actrices actuelles, y compris les jeunes, on serait surpris d'apprendre qu'elles ont plus souvent travaillé allongées que debout. J'en sais même qui ont dû subir des tournantes ou se retrouver dans des partouzes pour débuter.

Elles n'en parlent jamais au cours de leurs interviews. Cela serait pourtant très instructif pour toutes celles qui veulent « embrasser » ce métier.

*

Débuter pour un acteur est autrement difficile.

Bien sûr, il peut se trouver une productrice, ou une réalisatrice, qu'il honorera de sa personne. Mais elles sont peu nombreuses.

Bien sûr, il peut offrir son cul aux nombreux amateurs qui pullulent dans le métier. Mais tous les acteurs ne sont pas homos.

Alors, il ne lui reste qu'à user de son charisme et de son influence pour séduire des jeunes femmes qu'il offrira aux producteurs, telles des vestales. L'apport de chair fraîche aide à décrocher un rôle.

*

Le métier d'acteur est un métier de cocu.

Prenez une actrice mariée. Pour les besoins d'un film, elle doit embrasser son partenaire et, parfois, aller plus loin dans un lit. Ça finit forcément mal ! Ou ça finit bien, selon le point de vue : ils finissent par coucher ensemble.

On ne peut pas feindre des actes « similisexuels » sans qu'il se passe quelque chose. Pour rester indifférent dans un tel cas, il faut avoir une sacrée expérience, être blasé. Mais les vrais blasés sont rares.

Il n'y a pas seulement les maris qui sont cocus, il y aussi les femmes des acteurs. Ils ne peuvent pas se retenir et, dès qu'ils peuvent baiser leur partenaire, ils sautent sur l'occasion. Les acteurs ne sont pas des prêtres : rien ne leur interdit de faire l'amour avec la femme avec qui ils travaillent.

Il y a trop de tentations dans le milieu du cinéma pour que la fidélité puisse y résister.

J'en veux pour exemple le souvenir d'une jeune actrice que j'ai dirigée dans un film. Elle était fiancée et semblait parfaitement heureuse. Un vrai couple romantique, avec un petit bébé. Elle avait pour partenaire, dans le film, un type assez viril. Ils devaient s'embrasser. Elle fermait la bouche.

– Ça ne me dérange pas que tu fermes la bouche quand la caméra est loin, lui ai-je dit, mais là, je vais faire un gros plan. Ça va se voir si tu fermes la bouche.

Elle a ouvert la bouche. Le type lui a filé une langue pas possible. Trois jours après, elle était avec lui, laissant tomber son bébé et son fiancé.

*

Nous, les artistes, nous nous faisons beaucoup draguer par les femmes au cours de cocktails, de projections, de soirées, de festivals.

Plus ces femmes s'approchent de moi, plus je m'en éloigne.

*

Beaucoup de femmes extérieures au métier pensent que, dans le spectacle, on baise mieux qu'ailleurs. Je ne connais pas la sexualité des notaires ni des comptables, mais nous sommes nimbés d'un savoir-faire amoureux qui n'est pas forcément juste.

Mesdames, mesdemoiselles, cessez de vous monter le bourrichon au sujet des gens de cinéma ! Ce n'est pas parce qu'on côtoie plein de belles comédiennes que l'on est un meilleur coup. Le boucher de votre quartier en connaît peut-être plus en matière de femmes qu'une star de cinéma.

Petits conseils de séduction

Je vais faire part de mon expérience au profit des messieurs qui se posent encore des questions au sujet des femmes. On devrait faire un livre sur les mille et une façons d'attirer une femme sans trop se tromper.

Personnellement, je connais quelques « trucs » quasi infaillibles. Les voici.

L'ORAGE

Les femmes adorent faire l'amour sous un orage. Je ne sais pas très bien d'où ça vient, mais c'est un fait avéré. Un orage chaud, pas un orage par moins trente.

Ayez des contacts avec la météo et, quand vient l'été, renseignez-vous sur les prochains orages. Surtout les orages de fin de soirée ou de nuit. Quand vous avez la date, invitez votre future conquête à dîner dans une petite auberge de campagne.

Le repas va bien se passer et, plus l'orage va s'approcher, plus vous allez voir cette femme – et peut-être d'autres dans le restaurant – littéralement s'électriser d'excitation. Ce n'est, hélas, pas vous qui l'excitez mais l'orage.

Aux premiers éclairs, elle est mûre. Proposez-lui ce que vous voulez, elle est d'accord, elle n'en peut plus.

Je vous garantis que ça marche à tous les coups.

L'ÉQUITATION

Si vous n'avez pas la chance de posséder votre propre cheval, inscrivez-vous à un manège ou à des randonnées équestres.

Une femme qui fait du cheval a forcément, au bout d'une heure ou deux – selon les constitutions –, envie de tirer un coup. Alors, soyez là au bon moment.

L'idéal est de partir en promenade avec une femme. Allez loin. Observez-la bien : vous allez vous rendre compte que son attitude change au fil des kilomètres. Arrêtez-vous au bon endroit au bon moment et allez-y.

Après, n'oubliez pas de remercier le cheval d'avoir ainsi « chauffé » votre cavalière.

Si vous avez du tempérament, organisez des sorties à plusieurs.

LE VÉLO

Si vous n'aimez pas le cheval ou si vous n'avez pas les moyens de vous inscrire dans un manège, faites du vélo !

Beaucoup de femmes sont très excitées après de longues balades en vélo. Les randonnées cyclistes du dimanche finissent souvent en partouzes dans les bois.

LES CHAMBRES D'HÔTES

Voilà encore un autre système, un peu plus tordu, je l'admets.

Les chambres d'hôtes, les gîtes ruraux, ou certains petits hôtels, sont souvent tenus par des familles. Il n'est pas rare d'y voir les parents à l'accueil ou aux fourneaux et la fille – ou la cousine – dans les étages à s'occuper des chambres.

Eh bien, sachez que ces filles sont très excitées à l'idée de faire l'amour en sachant leur mère dans les parages. Le piment du danger.

Ça m'est arrivé plusieurs fois et j'ai toujours été agréablement surpris.

Comment les femmes perdent leur virginité

Pour mon film *Les Vierges*, j'avais lancé une grande enquête sur le dépucelage des femmes. J'avais fait ça avec Jean Anouilh, qui adorait les vierges.

Gala n'existant pas à l'époque, nous sommes passés par un journal pas très intellectuel pour savoir comment les femmes perdaient leur pucelage : *Ici Paris*.

Nous avons reçu quinze mille réponses. Anouilh les a toutes lues avec une grande délectation et les a classées en cinq grandes catégories :

LES SENSUELLES

C'est ainsi que nous avons appelé les filles qui avaient le feu au cul et qui, arrivées à l'âge de 16 ans, se faisaient baiser par le premier venu.

Nous avons constaté que cela se faisait le plus souvent dans une foire, une fête, un bal (ou une discothèque) ou une soirée de mariage. Plus de trois mille filles s'étaient fait baiser dans une fête foraine !

Ces filles n'étaient pas très regardantes sur la qualité de leur relation. Leur but était de perdre leur pucelage, auprès d'un mec un peu viril.

LES ÉPOUSES

De nombreuses femmes, surtout à l'époque, refusaient de perdre leur pucelage avant leur nuit de noces.

Elles se « gardaient pour le mariage », comme on disait.

Pour certaines, cela n'empêchait pas les relations sexuelles avant de se faire glisser la bague au doigt : elles pouvaient masturber des partenaires, voire leur faire une fellation. Mais le pucelage ne « tombait » que lors de la nuit de noces.

Malheureusement, d'après les témoignages que nous avions, elles épousaient un « bon gars » mais pas très porté sur la chose. Le dépucelage était bâclé et laissait un goût amer à la jeune fille.

Certaines craignaient tellement de perdre leur pucelage qu'elles se refusaient à leur mari. Celui-ci finissait trop souvent par les violer.

Quelle que soit la façon de perdre leur pucelage, lors de leur nuit de noces, ces épouses se retrouvaient immanquablement à la fenêtre de la chambre de leur hôtel, en larmes... pendant que leurs maris ronflaient.

LES INTÉRESSÉES

Cela concernait les jeunes vierges prêtes à monnayer leur pucelage.

Pas forcément en le vendant contre de l'argent mais, par exemple, en le promettant à un riche monsieur contre le mariage.

Ces femmes-là n'étaient jamais amoureuses du type qui les dépucelait.

Certaines, plus vicieuses, soûlaient leur dépuceleur, s'allongeaient avec lui mais attendaient qu'il dorme pour aller se faire dépuceler par un autre, leur véritable amoureux. Au matin, le type, ayant la gueule de bois, croyait avoir réussi son coup mais ne se souvenait plus de rien.

Ces femmes-là devenaient par la suite des spécialistes de l'adultère.

LES ROMANTIQUES

Des jeunes amoureux avaient envie de se donner l'un à l'autre mais ne trouvaient pas l'endroit pour le faire. Chacun habitant chez ses parents, ce n'était possible ni chez l'un ni chez l'autre et ils n'avaient pas assez d'argent pour se payer l'hôtel.

Des lettres charmantes nous racontaient les trouvailles déployées pour dégoter un endroit. L'une racontait que le couple, en visite au château de Versailles, avait réussi à se faire enfermer dans la chambre de la reine, pour y baiser ! J'ai trouvé ça très touchant.

LES MINEURES

Un certain nombre de jeunes filles tombaient amoureuses de messieurs plus âgés et elles étaient prêtes à se donner à eux.

Mais ces trentenaires ou ces quadras étaient inquiets à l'idée de dépuceler une mineure. C'était pour eux une trop lourde responsabilité. Ils n'osaient pas la toucher tant qu'elle était vierge.

Alors la fille allait se faire baiser par un jeune et revenait.

Pensées culturelles

Quand un nouveau ministre de la Culture arrive à son poste, je lui écris une lettre : « Monsieur – ou Madame, puisqu'il y a des femmes ministres de la Culture –, j'espère que vous n'êtes pas aussi con que vos prédécesseurs... », et j'explique ce que j'attends de lui – ou d'elle.
Je n'ai jamais reçu de réponse. Je me demande bien pourquoi. (Une exception, pourtant, Mme Albanel, généreuse pour mon théâtre. Merci, madame.)

*

Le ministère de la Culture, c'est celui où il y a le moins de fric à prendre et le moins de pouvoir. Alors, quand on ne sait pas quoi foutre d'une huile quelconque, on le colle au ministère de la Culture.

*

Le ministre de la Culture devrait être un artiste. Il n'y a qu'un artiste pour parler aux artistes.

J'ai été exaucé. Depuis cet été, c'est Frédéric Mitterrand, un collègue et un artiste : le bonheur.
Aucun homme politique n'a la fibre artistique. Autant fermer le ministère.

*

Le ministère de la Culture, pour ce qu'il fait de son budget, il ferait mieux de le donner aux hôpitaux.

*

J'aimerais bien savoir avec qui bouffent les ministres de la Culture. Et où !
Je suis sûr qu'ils ne doivent pas bouffer au McDonald's.

*

Les réceptions officielles ont été mes enterrements, et moi qui déteste les cimetières...

*

À un moment, ils ont nommé, comme ministre de la Culture, le maire de Lourdes ! J'ai cru qu'ils l'avaient fait exprès. Avec lui, je savais que je n'arriverais à rien.
Au début, je n'avais pas fait attention. J'avais vu sa photo, il était jeune, il avait l'air gentil. Je me suis dit :

— C'est peut-être un étudiant attardé qui aime bien mes films.

Quand j'ai vu qu'il était maire de Lourdes, j'ai crié :
— Oh ! putain ! C'est fini !

*

Marcel Carné est resté deux heures dans l'antichambre du ministère de la Culture à attendre un rendez-vous avec le ministre. Deux heures ! Au bout du compte, Marcel est parti.

Ce con de ministre ne devait même pas savoir qu'il avait réalisé *Les Enfants du paradis*.

*

En 1961, suite à l'échec de *Snobs*, j'ai été ruiné.

Pour continuer de travailler, j'avais besoin d'argent. J'ai décidé d'aller en demander au ministre de la Culture de l'époque, André Malraux, qui me connaissait. N'ayant pas le temps d'attendre un rendez-vous, j'ai endossé un costume de télégraphiste, pris dans un de mes films. J'arrive, habillé comme ça, rue de Valois.

À l'huissier, j'explique que je dois remettre un pli avec réponse à M. Malraux en mains propres. L'huissier n'avait jamais vu ça. J'ajoute que je suis un envoyé spécial d'un autre ministère et qu'il me faut une réponse immédiate. Pour faire plus officiel, j'avais avec moi une enveloppe avec un faux cachet en cire. L'huissier, qui n'avait pas inventé la poudre,

demande à un secrétaire ce qu'il doit faire. Après bien des discussions, on me fait entrer chez Malraux. Je lui tends la lettre en lui disant :
— Il n'y a rien du tout là-dedans.
Je lui explique la situation, il se met à se marrer. Je lui raconte que je cherche de l'argent et il me demande :
— De combien avez-vous besoin ?
— Six millions d'anciens francs.
— Mon pauvre monsieur Mocky, si vous saviez le temps qu'il va falloir pour réunir une telle somme. Il va falloir organiser des commissions, faire des dossiers...
Désespéré, je lui dis :
— Je regrette. C'est dommage, je suis un jeune artiste qui débute et j'espérais un soutien du ministère de la Culture.
Et je m'en vais.
Quelque temps après, vous me croirez ou pas, je reçois un chèque de soixante mille francs. Qui n'était pas du ministère de la Culture mais d'une personnalité extérieure. J'ai appris, par la suite, que Malraux avait déposé un dossier sur mon affaire, qu'on m'avait accordé les soixante mille francs. Mais cette décision n'était intervenue que six ou huit mois après ma rencontre avec Malraux. Pour ne pas me faire attendre, il avait fait faire un chèque par un ami qu'il avait ensuite remboursé. Quel geste !
Je n'ai pas connu beaucoup de ministres capables d'autant de courage.

Pensées dissidentes

Il faut avoir de l'humilité quand on fait du cinéma. Parce que, tout ce qu'on fait, c'est quand même des prototypes, des jouets qui nous amusent.

*

J'étais fasciné par le métier. Il suffisait que Pierre Fresnay ou Fernandel entrent pour que je bégaye en leur parlant. Aujourd'hui, personne ne bégaye devant moi.
Je n'ai encore jamais vu un comédien bégayer devant moi !

*

L'envie de faire un film, c'est comme une envie de pisser : on ne peut pas se retenir. Celui qui se retient devrait se surveiller, comme un diabétique.

*

De nos jours, le cinéma a pour consigne de ne jamais choquer. Pas de piques contre les catholiques, les musulmans, les handicapés, les obèses, les pêcheurs à la ligne, les joueurs de fléchettes... Ne pas vexer toutes ces minorités réunies dans des associations qui veillent au grain.

Cela nous donne un cinéma aseptisé, chiant, sans aucun relief.

Moi, je ne me soucie pas de tout ça et je fonce dans le tas.

*

Les voyous m'admirent parce qu'ils considèrent que je suis comme eux : contre la société. Eux se mettent en marge de la société en commettant des larcins, moi en commettant des films.

C'est pour cela que beaucoup me considèrent comme un voyou du cinéma.

*

Je fais des films comme un dentiste.

Il faut arracher la dent tout de suite. Moi, il faut que j'arrache mon film tout de suite.

*

Je ne veux copier personne. J'essaie de faire des films qui ne ressemblent pas aux autres.

*

Je suis un chercheur isolé.

Je ne fais pas partie du contingent commercial des metteurs en scène qui suivent les ordres d'un producteur.

*

On dit souvent que le cinéma est un milieu de gangsters.

Faux : c'est bien pire.

Chez les gangsters, quand quelqu'un trahit la parole donnée, on l'abat. Pas au cinéma : dans ce milieu, on passe des journées à mentir et à revenir sur ses promesses. Sans aucune conséquence.

Je rêve que les gangsters viennent mettre un peu d'ordre dans le cinéma.

*

Je suis tellement peu aidé dans mon métier que j'ai l'impression d'être un coureur du cent mètres à qui on a attaché un boulet au pied.

*

Moi, j'ai toujours tout fait tout seul.

Beaucoup d'artistes ont eu le concours de leur femme ou de leur famille. Costa-Gavras est soutenu par sa femme qui s'est beaucoup battue pour lui, Chabrol et Truffaut ont démarré grâce à de petits pactoles familiaux, Roger Hanin avait sa femme, la productrice Christine Gouze-Rénal, Jules Dassin avait Melina Mercouri, Fellini avait Giulietta Masina, Antonioni avait Monica Vitti, Jean-Jacques Annaud a été énormément aidé par sa femme Monique...

D'autres ont été aidés parce qu'ils étaient homosexuels, car les homos forment une véritable confrérie au sein du cinéma.

D'autres ont réussi par héritage. Danièle Thompson, par exemple, est la fille de Gérard Oury. La famille a longtemps vécu grâce à la grand-mère, qui avait été l'égérie de Braque et qui possédait des toiles valant une fortune. Si Gérard a pu tenir, c'est grâce à la vente de certains de ces tableaux.

Moi, je n'ai jamais eu tout cela. Je suis parti de zéro. Et mes femmes m'ont coûté plus que ce qu'elles m'ont rapporté.

*

J'ai rencontré beaucoup de faux producteurs. Des types qui vous promettent des affaires mirifiques et qui se défilent à la première difficulté. Ils sont nombreux dans le métier. Ils feraient mieux d'aller vendre des slips ou des chaussettes.

*

Mes relations avec la maison Pathé valent leur pesant d'or. Enfin, si je puis dire, parce qu'elles ne m'ont pas rapporté grand-chose.

Au lendemain du succès d'*Un drôle de paroissien*, mon premier film avec Bourvil, j'ai été convoqué par le patron de Pathé de l'époque. Il me dit :

— Monsieur Mocky, nous voulons tout de suite faire un film avec vous et Bourvil.

Je vais voir Bourvil, qui souffrait du fait qu'on le prenait pour un imbécile. Il voulait absolument travailler avec des auteurs célèbres – Sartre, Queneau, Aymé, etc. Il voulait faire autre chose que les crétineries qu'on lui proposait habituellement. C'est d'ailleurs pour cela que nous sommes devenus amis. Queneau m'a alors conseillé un auteur flamand, Jean Ray, qui était contre la société et détestait la bourgeoisie de Gand. Je l'ai proposé à Bourvil :

— Vous allez jouer un inspecteur de police naïf qui enquête dans une ville complètement pourrie.

Nous avons fait le film. Que nous avons présenté au PDG de Pathé. La première projection a eu lieu dans la salle du Marignan. Il était dix heures du matin, il y avait le staff de Pathé, plus moi. Bourvil n'était pas là. À la fin de la projection, le PDG s'est approché de moi et m'a filé une paire de claques.

— Espèce de salaud, a-t-il hurlé, qu'est-ce que vous m'avez fabriqué ?

Je l'ai attrapé par le collet, on a failli se battre. Nous n'avons plus jamais travaillé ensemble.

Ils ont sorti le film sous le titre *La Grande Frousse*. C'était l'époque où tout était « grand » : *La Grande Vadrouille, La Grande Évasion, Le Grand Restaurant, Les Grandes Vacances*... Heureusement qu'ils ont fini par s'arrêter car, sinon, on aurait eu *Le Grand Con* ou *Le Grand Docteur Jivago* !

Avec Bourvil, cinq ans après, nous avons racheté le négatif de mon film. En 1971, je l'ai ressorti, sous le titre *La Cité de l'indicible peur*, au studio de La Harpe, à Paris, où il est resté à l'affiche cinquante semaines ! Tout le monde a été le voir dans cette petite salle : Montand, Signoret, Ventura, etc.

En 2002, lors d'une émission sur Europe 1, j'ai rencontré le nouveau patron de chez Pathé, Jérôme Seydoux. Il me dit cette phrase extraordinaire :

– Je suis contre l'ordre établi.

Quand on sait que la famille Seydoux est l'une des plus grosses fortunes de France, il y a de quoi être étonné. Je lui ai répondu :

– Ça tombe bien que vous soyez contre l'ordre établi : moi aussi ! Pourquoi ne travaillerions-nous pas ensemble ?

L'année suivante, il me convoque pour m'annoncer qu'il va sortir mes cinquante films en DVD. Je me suis bien gardé de lui rappeler le conflit que j'avais eu, autrefois, avec Pathé. Je voyais en lui mon gourou, mon bienfaiteur, le financier que j'attendais depuis si longtemps.

Il a sorti les DVD, ça a marché moyennement parce que j'ai un public, mais c'est loin des chiffres des *Ch'tis* et d'*Astérix*.

Un jour, je revois Seydoux et je lui dis :

– Je ne vous comprends pas. Vous prenez tous mes titres en DVD mais vous refusez de produire mes prochains films. J'ai la désagréable impression que vous attendez que mes films prennent de l'âge pour vous y intéresser. Peut-être attendez-vous ma mort pour vous intéresser de plus près à mon œuvre.

– Pour vous prouver que je vous aime bien, je vais vous produire un film.

Il ne prenait pas beaucoup de risques, car mes films coûtent très peu d'argent. En plus, il avait des subventions.

Nous avons fait ensemble *Le Bénévole*, avec Michel Serrault. Une fausse bonne idée, car il s'agissait d'une attaque visant à dénoncer l'exploitation des bénévoles. Bêtement, je m'étais dit :

– Il y a quinze millions de bénévoles en France, s'il y en a 10 % qui viennent voir mon film, ce sera un succès !

Pathé, producteur et distributeur, programme *Le Bénévole* dans les salles et annonce même une date de sortie. Là-dessus, il est projeté à Seydoux.

Il m'a téléphoné, très gêné :

– Je ne sors pas le film ! C'est une attaque en règle contre les conseils généraux. Moi, j'ai besoin d'eux pour construire de nouveaux complexes cinématographiques, je ne peux pas me fâcher avec eux. Je refuse d'investir quatre cent mille euros de publicité là-dedans. Alors, on va le sortir sur Canal + et en DVD.

Je ne savais pas comment annoncer la chose à Serrault, qui était déjà très atteint par son cancer. Alors, j'ai été le présenter dans des galas et des festivals.

Voilà comment il a tourné, mon gourou.

C'est d'ailleurs très caractéristique de ma carrière : des gars qui s'enthousiasment et qui finissent par me lâcher en cours de route. J'en conclus qu'un bienfaiteur a ses limites. Ça revient à dire, si j'étais

Modigliani, qu'un bienfaiteur m'achèterait 50 toiles et que brusquement il refuserait d'acheter la cinquante et unième. Curieux, non ?

*

Je suis un cinéaste libre : je choisis mes sujets, je ne pratique pas d'autocensure et je fais ce que j'ai envie de faire.

Les gens n'aiment pas ceux qui sont libres. Y compris dans le cinéma. Les producteurs, les distributeurs, les exploitants sont toujours tenus par quelque chose, à commencer par ce qu'ils croient être les goûts du public.

*

Le problème du cinéma, c'est de faire tout pour ne pas choquer les Noirs, les Arabes, les juifs, les catholiques, les protestants...

Quand vous faites un film, quel qu'il soit, vous avez deux solutions : soit vous foncez tête baissée, et vous vous en contrefoutez de ménager tel ou tel groupe ; soit vous prenez plusieurs scénaristes qui feront office de garde-fous. L'un dira : « Attention, là, ça ne va pas plaire aux catholiques ! » Un autre dira : « Ça ne va pas plaire aux juifs ! » Et un dernier : « Vous allez vexer les femmes trompées ou les cocus ! » Moi, dans *L'Étalon*, je me foutais complètement des cocus.

Une fois que les sujets sont écrits et entérinés par les producteurs qui cherchent la galette, c'est fini. Moi, je ne fonctionne pas comme ça et, automatiquement, j'ai des gens qui freinent à l'arrivée. Si vous faites un film avec un homme chauve et impuissant, et que le directeur de la distribution est lui-même chauve et impuissant, il va dire : « Je n'en veux pas ! Qu'il aille se faire foutre, Mocky ! Je prends un autre film. »

Le problème, c'est l'identification des décideurs avec le sujet. Les décideurs qui décident quel film va passer à la télé, quel film va passer au Marignan sur les Champs-Élysées. Là, vous êtes arrêté comme par un mur. Le type regarde comme un douanier. Si quelque chose le trouble dans le film, il le sabre, lui file trois salles et le sort au mois de juillet.

C'est ça qui tue le cinéma.

*

Quand j'ai présenté *L'Étalon* – qui raconte ce que font les femmes négligées par leur mari – aux exploitants, il a été très mal reçu.

La plupart avaient femme, enfants et maîtresse – soit une ouvreuse, soit une caissière qu'ils se tapaient tranquillement dans leur bureau. Donc, le contenu du film les concernait directement. Ils se sentaient visés. Par vengeance, si vous voulez, ils ont saboté mon film.

La mesquinerie tue le cinéma français.

*

Je fais des films pour des gens qui ont des couilles.
Ils ne vont pas au spectacle pour voir une connerie, mais pour se distraire et ressentir quelque chose.

*

Je ne dis pas que je suis le seul cinéaste à avoir des couilles. Les autres aussi en ont, mais ils ne les sortent pas souvent.

*

Je ne changerai jamais, parce que je me suis promis de ne jamais changer. Les serments qu'on se fait à soi-même sont toujours les plus forts.

*

La première qualité d'un réalisateur, c'est le baratin. C'est un camelot, il est obligé de convaincre avant tout.

*

Tous les cinéastes qui veulent être dans le vent finissent par disparaître en fumée !

*

Tout le monde peut accéder à la mise en scène, à condition d'en respecter les règles.

La « nouvelle vague » ne l'a pas fait ; cela ressemblait à un musicien qui aurait joué sans tenir compte des notes.

*

Le cinéma français a besoin de sangsues pour décongestionner ses apoplectiques.

*

Le cinéma féminin est fait pour justifier l'adultère des femmes.
Qui est injustifiable.

*

Le castor est un animal que j'admire : il ne creuse pas comme les rats et les lapins ; il prend ses petits morceaux de bois dans l'eau et il se construit un abri.
Moi, je ne peux travailler qu'avec des castors.

*

Je tourne vite parce que je veux attraper les acteurs sur le vif. Quand on tourne trop longtemps, ils ont tendance à s'endormir sur leur rôle.

Je suis un peu comme un reporter. Quand il prend une photo dans la rue, il doit la prendre tout de suite ; s'il ne flashe pas tout de suite, le gars prend des expressions, il devient mauvais. Moi, je flashe les acteurs tout de suite.

*

Si un tournage se prolonge, je remets tout en question. J'ai envie de recommencer ce que j'ai fait au début. Et il n'y a plus de raison de s'arrêter.

L'idéal serait de tourner en une semaine, vingt-quatre heures sur vingt-quatre, avec des quarts pour les techniciens, comme sur un bateau.

*

Le problème des films, c'est qu'ils impliquent l'art dans une sorte de structure militaire. Sur un tournage, il y a l'adjudant, le sergent, le lieutenant, le capitaine, etc. Mais ça ne va pas avec l'art, ça, quel que soit l'art.

*

Il m'est arrivé un truc dans *Robin des mers* : j'avais un superbe crépuscule, dans lequel on devait voir passer des chevaux au bord de l'eau. Il fallait tourner à 19 h 45.

On arrête à 18 h 30, les gars commandent du couscous au restaurant et attendent. Il n'y en a pas un qui s'est levé pour pousser les autres au travail, car le ciel allait s'obscurcir et la journée de tournage allait être foutue. Ils ont fini tranquillement leur couscous, ils ont pris leur glace et leur café. Et quand ils sont sortis, il faisait noir. Dans le film, je n'ai donc pas l'image que je voulais. Je ne trouve pas ça très bien.

En revanche, mon ami Polanski, quand il a tourné *Tess*, dirigeait justement une armée. Ils étaient assis à attendre les nuages pendant des journées entières. Moi, avec mon petit budget, et à cause d'un couscous, j'ai raté mon plan.

*

On dit que je fais trop de films. Mais chacun fait selon son tempérament : il y a des gens qui baisent tous les jours et d'autres qui ne baisent qu'une fois par mois !

*

On me reproche toujours de tourner trop. En moyenne, je fais deux films par an, ce qui fait deux fois quinze jours de tournage. C'est peu.

*

Je déteste les films avec des animaux. Ce n'est plus du travail de réalisation mais du travail de domptage.

*

On ne me propose que des trucs ringards, en dessous de ce que je fais. On me dit :
– Vous avez fait *Le Miraculé*, faites-moi donc *Mon curé chez les nudistes*...

*

Le comique d'aujourd'hui est un comique convenu. On continue de faire de l'*Almanach Vermot* à l'heure de *Charlie Hebdo*.

*

Quand défilent tous ces films qui brossent le poil des gens barbotant dans leur vie médiocre, leur parlent des campeurs, des randonneurs, des bronzés, des Gaulois et de toutes les histoires de cul entre trois personnes, la femme, l'ami ou le voisin et le mari, j'ai la triste impression de voir de pâles décalcomanies dans un pays d'amnésie nationale et de grande misère culturelle.

*

Mettons en face Jean-Louis Trintignant, Jean-Paul Belmondo, Alain Delon et Jean-Pierre Mocky, qui ont débuté quasiment en même temps.
Trintignant a joué dans des tas de films. Hélas, sur cent films qu'il a tournés, il n'y en a que quatre

ou cinq qui resteront. Parallèlement, dans sa vie personnelle, il n'a eu que des drames.

Delon. Une vie étrange avec ses histoires avec les voyous, Pompidou, l'affaire Markovic... Ses amours qui finissent tragiquement, que ce soit avec Romy Schneider ou cette désillusion avec Nathalie Delon. Professionnellement, Delon a quitté le cinéma pour jouer des conneries à la télé, traînant un rôle de flic à la Roger Hanin. Je voudrais lui redonner un très grand rôle.

Belmondo. Lui aussi a eu une vie difficile sur le plan sentimental. Aujourd'hui, il est handicapé. On lui a fait faire un film attristant. Ça n'est pas bien de faire ça.

Est-ce que je ne suis pas plus heureux que tous ces gens ? Voilà la question que je me pose. C'est vrai que j'ai eu une carrière cahotique, que mes derniers films, personne n'en veut, que mes livres ne se vendent pas à des centaines de milliers d'exemplaires, mais je continue à travailler et j'ai l'estime de beaucoup de personnes.

Je suis ravi de la situation dans laquelle je me trouve.

*

Un jour, je suis allé acheter six œufs dans une petite boutique ; quand j'ai voulu payer, l'employé me dit :

– Je vous les offre, monsieur, j'aime vos films, continuez.

J'ai eu l'impression d'essuyer une larme, mais c'était peut-être de la poussière, ou alors je coule des yeux. L'âge.

Pensées financières

J'ai l'exactitude des rois parce que le temps, c'est le pognon des pauvres.

*

En France, les gens pauvres ne peuvent pas faire de cinéma parce qu'ils ne peuvent intégrer aucune des mafias du métier.

*

Le problème chez certains, c'est qu'ils ont tendance à chercher le succès. Ce que je leur reproche, c'est de faire des films en fonction de ce que les gens aiment. Au lieu de se dire : « J'ai envie de faire ça », ils se demandent : « Qu'est-ce qui pourrait marcher ? »

*

Ça ne m'a jamais intéressé de faire de l'argent comme mes amis Édouard Molinaro, Philippe de Broca, ou même Jean Girault, qui réalisait les Louis de Funès.

La réalité, c'est qu'ils avaient des maîtresses ou des épouses dépensières, ce qui les obligeait à tourner n'importe quoi.

*

Un film, ça coûte cher et je n'ai pas d'argent pour en faire. Une minute perdue coûte une fortune. On n'a pas le temps d'aller pisser.

Un jour, Serrault s'est éloigné pour aller pisser. Ça nous a fait perdre du temps. Quand il est revenu, je lui ai annoncé que j'avais supprimé sa scène. Il était furieux.

*

Dans le cinéma comme dans la vie, il y a les autodidactes qui se démerderont toujours, il y a les mecs qui ont envie de travailler et, au milieu, il y a la masse qui ne sert à rien et à qui on confie des budgets.

*

Dans le cinéma il y a les habitués des subventions.

François Truffaut, Alain Resnais ont touché des subventions à pratiquement chacun de leurs films. C'était quasiment systématique.

Moi, je n'ai eu des subventions qu'une fois sur quinze ! Sur cinquante-sept films, je n'ai eu que quatre subventions. J'aurais dû courtiser plus souvent les hommes politiques, ça m'aurait rapporté.

*

Nous sommes dans une économie de cinéma complètement folle.

Vous avez M. Francis Veber qui se casse la gueule avec son *Emmerdeur*, nouvelle version, pour lequel on a dépensé vingt-deux millions d'euros. Pour un film avec Richard Berry et Patrick Timsit, qui n'ont pas la qualité ni l'envergure de Lino Ventura et Jacques Brel. Vingt-deux millions d'euros pour... rien ! Pourquoi tant d'argent ? *La Traversée de Paris*, avec Bourvil, Gabin et de Funès, a coûté une bouchée de pain, comparativement ; *La Grande Vadrouille* n'a pas coûté aussi cher que *L'Emmerdeur*.

J'ai fait cinquante-sept films et, même en les additionnant, on n'atteint pas le budget de *L'Emmerdeur*. C'est comme si vous mettiez dans une balance un kilo de caviar indigeste et, de l'autre côté, de quoi bouffer pendant six mois.

*

Je vais vous expliquer pourquoi certains films coûtent si cher.

Quand un type a du succès, il devient une espèce de baronnet qui estime qu'il « vaut » plusieurs millions de spectateurs et qui réclame de l'argent en conséquence. Mais ces pauvres mecs ne valent pas le centième de ce qu'on leur donne.

En plus, en réclamant tant de fric, ils empêchent d'autres films de se faire.

*

Les producteurs aiment bien les films chers parce qu'ils prennent un pourcentage dessus : 7 % de frais généraux. Ils gonflent les devis.

Avec les budgets de mes films, ils n'ont même pas de quoi payer leur secrétaire.

*

À chaque fois que je vois un réalisateur dépenser trente ou quarante millions d'euros pour faire un film qui en mérite cinq, je me demande où passe le reste du pognon.

Si j'avais dû refaire *Le Deuxième Souffle* – mais je n'aurais jamais osé –, il aurait coûté quatre ou cinq millions d'euros, sûrement pas plus. Ils ont payé les acteurs à prix d'or. C'est de la folie. Quand vous vivez normalement avec une choucroute et un bœuf mironton tous les soirs, vous ne comprenez pas ce qu'ils foutent avec tout ce pognon.

Récemment, ils ont fait un autre film français. Ils ont dépensé des millions d'euros pour une connerie, là. Je ne citerai pas le titre. Au même moment, des

SDF sont partout dans Paris et crèvent de faim. C'est indécent.

Personnellement, si j'avais un budget de trente millions d'euros, je ne les dépenserais pas au cinéma. Je donnerais quinze millions d'euros à des œuvres.

13 French Street a coûté trois cent mille euros. Je ne suis pas payé, les acteurs ne sont pas payés... Voilà pourquoi ça ne coûte pas cher.

*

On dit : « Mocky n'a pas quatre cents gendarmes, il en a quarante ! » Comme si la présence de quatre cents gendarmes dans une connerie était plus importante que celle de quarante dans un film moins con !

La qualité d'un film ne dépend pas de son devis.

*

Des gendarmes, j'en ai eu beaucoup. Une fois.

Notre métier, c'est du bluff. Nous sommes de grands bluffeurs, comme au poker. Lorsqu'on veut obtenir des choses pour un film, on doit mentir. J'ai été voir Michel Debré alors qu'il était ministre de la Défense. J'avais besoin de cent gendarmes pour *L'Albatros*. Je lui ai fait croire que ce film était à la gloire de l'armée et de la gendarmerie. Il m'a donné deux cents gendarmes mais, quand il a vu le film, il s'est rendu compte que je lui avais menti. Il était furieux, mais il ne pouvait plus rien faire.

C'est l'un des rares « délits » que j'ai commis dans ma vie d'artiste. Mais mentir à un ministre, donc à un menteur professionnel, est-ce vraiment un délit ?

*

Pour les besoins de *Snobs*, en 1961, j'ai fait du trafic de fausse monnaie.

On nous avait loué un gymnase à Versailles. À notre arrivée, un samedi à neuf heures du matin, nous sommes tombés sur le propriétaire du lieu. Or, nous avions traité avec le locataire. Ce propriétaire était une ordure qui nous interdisait l'entrée si on ne lui versait pas cent mille francs. D'après lui, son locataire n'avait pas autorisation de traiter avec nous. Nous étions pris à la gorge : il fallait tourner. Pour moi, il était hors de question de le payer. J'ai réfléchi à une solution avec mon assistant et j'ai proposé :

– On n'a qu'à lui filer cent mille francs en faux billets. Nous sommes samedi, il ne pourra pas aller les porter à la banque avant lundi.

Pour une scène, nous avions emporté avec nous des faux billets de cinéma. Ce sont des faux assez bien faits car ils doivent paraître vrais à l'écran, y compris en gros plan. Vous comprenez bien que si l'on a besoin de 1 million de francs pour une scène, on ne va pas sortir de l'argent de la banque.

On a donc bien fourgué de la fausse monnaie, mais à une ordure qui voulait nous faire chanter. Donc, c'était très moral.

En revanche, je ne sais pas la tête qu'a faite ce type quand il a porté son argent à la banque...

*

Dire que mes films manquent d'argent, c'est comme dire que je suis mal habillé.
Mes films sont pauvres ; et alors ? On doit cracher sur les pauvres ? Quand vous voyez un mec mal habillé dans la rue, qu'est-ce que vous faites ? Vous lui crachez à la gueule ?

*

Aujourd'hui, la promotion d'un film ne repose pas sur sa qualité mais sur son budget. « Le film le plus cher du cinéma français ! »
C'est comme ça qu'ils ont essayé de vendre *Astérix aux jeux Olympiques*. Je ne vois pas en quoi le pognon investi est un gage de qualité. Personnellement, j'ai tendance à me dire que plus il y a d'argent, plus ça risque d'être une merde.

*

Je ne peux pas travailler avec une productrice. Caractériel comme je suis, nos rapports tourneraient à la scène de ménage.

*

Les grands groupes de cinéma sont dirigés par des Napoléon. Il y a Napoléon Gaumont, Napoléon UGC, etc.

Pour travailler avec eux, il faut être courtisan comme on l'était à la cour de Louis XIV, il faut montrer ses lettres de noblesse, lécher les pieds de ces messieurs, leur dire :

– Je ne suis qu'un pauvre manant, permettez-moi de participer à votre grande œuvre !

C'est ça qu'il faut faire.

Déjà, par les sujets de mes films, ils sentent que je ne suis pas leur tasse de thé, alors, pour les séduire, je devrais vraiment leur caresser le poil. Je ne le ferai jamais !

*

Un jour, je relève dans *Challenge* le nom des cinq cents plus grandes fortunes. J'ai fait un mailing pour solliciter une participation à la production de mes films.

Normalement, un mailing rapporte 1,5 % de réponses. J'aurais dû recevoir sept réponses. J'en ai reçu soixante-deux !

Cinquante-cinq étaient des réponses négatives. Mme de Betancourt m'a écrit une belle lettre pour me dire qu'elle adorait mes films mais qu'elle s'occupait déjà d'associations de handicapés. Le baron de Rothschild m'a écrit qu'il consacrait ses excédents de revenus à la recherche sur je ne sais plus quelle maladie.

Parmi les lettres positives, se trouvait un marchand de piscines situé à Angoulême. Je suis allé le voir. Il voulait bien mettre de l'argent à condition que je prenne sa fille comme vedette. Celui-là a été aussitôt éliminé.

Un autre s'appelait Caille et était propriétaire de camions. Lui voulait qu'on voie ses foutus camions pratiquement à toutes les images. Non seulement je n'avais pas d'histoire de routiers dans mes tiroirs, mais je n'avais aucune envie de m'encombrer de camions sur mon tournage.

Ensuite, j'ai vu M. Fabre, propriétaire d'une usine de cosmétiques parquée à Castres. Lui m'a dit :

– Monsieur Mocky, je veux bien vous financer mais il faut que ça se passe à Castres !

Je connais Castres, mais je n'avais pas de sujet pouvant s'y dérouler.

C'est incroyable, ces faux mécènes qui ne cherchent qu'à se faire de la publicité ou tirer des avantages de leurs investissements. Ce n'est plus du mécénat, c'est de la publicité clandestine !

Pinault aussi m'a répondu positivement. J'ai été reçu par son chambellan, gonflé par sa suffisance. Il me dit :

– Monsieur Mocky, M. Pinault s'est intéressé à votre lettre. Nous avons un catalogue de mécénat artistique – théâtre, sculpture, peinture. Pour le moment, ne s'y trouve pas le cinéma. Néanmoins, nous avons regardé votre œuvre mais vous êtes trop contestataire. Si nous vous finançons, on va nous prendre pour des anarchistes !

Fin de la conversation. Et pas de financement.

Finalement, au terme de cette recherche de cinq cents mécènes, je l'ai eu dans le cul. Rien du tout. Zéro. Merci les gars.

*

Aujourd'hui, pour faire des entrées au cinéma, Roméo et Juliette devraient montrer leur cul.

*

Lorsque j'ai sorti *Le Piège à cons*, la SNCF nous a refusé l'affichage dans les gares. Pourtant, le mot « con » était passé depuis longtemps dans le langage courant.
Je pense que la SNCF se sentait directement visée par le titre.

*

J'ai des publics partout, des balayeurs, des professeurs d'université, j'ai des infirmiers, des ménagères, des jeunes filles, des jeunes gens. Alors, comment réunir ce public quand on n'a pas d'argent pour informer tout le monde ?
L'imbécile, c'est-à-dire le spectateur imbécile, celui-là, je ne l'aurai jamais. Le con intégral, celui qui va voir des conneries toute l'année, celui-là, moi, je ne peux pas l'attraper. Avec ma canne à pêche, je ne peux pas attraper un barracuda, même pas un thon, je peux attraper une sardine, c'est tout.

Pensées critiques

Le défaut qu'ont la plupart des cinéastes, c'est de s'intéresser à la critique. Pourquoi voulez-vous que je m'intéresse à trois lignes dans un journal ?
Je ne comprends pas pourquoi un réalisateur perd vingt minutes à se morfondre devant trois lignes !

*

Alain Resnais, qui est l'un des hommes les plus intelligents que j'aie rencontrés, m'a un jour confié son petit secret pour répondre aux interviews ; un petit secret qui lui a bien rendu service :
— Il faut toujours répondre aux journalistes par énigmes, ils adorent ça.

*

Un jour, un journaliste a « analysé » *Hiroshima mon amour* en la présence d'Alain Resnais.

Il lui a affirmé que, dans la première partie du film, on voyait un chat blanc et, dans la deuxième, un chat noir. Il en cherchait la signification.

Alain, qui n'avait pas remarqué ce détail – et qui ne se souvenait même pas qu'il y avait des chats dans son film –, se contentait de hocher la tête. L'autre y voyait une « connotation métaphysique » et Resnais faisait oui de la tête. Il aurait pu y voir des Schtroumpfs ou des Martiens que Resnais aurait continué à faire oui !

*

Les critiques devraient commencer par apprendre le cinéma avant d'écrire la moindre ligne.

*

Le problème des journalistes d'aujourd'hui, c'est qu'ils se prennent tous pour des petits Truffaut.

*

Il faut se méfier des Rastignac qui cherchent une proie pour se faire voir.

*

Nous sommes entourés de Salieri qui tentent d'empêcher les Mozart de réussir.

*

Les critiques réagissent par rapport aux films qu'ils auraient aimé faire. Quand ils voient un film, si ça ne correspond pas à ce qu'ils voudraient réaliser, ils le descendent.

*

Jean Marais, un jour, a été traité de je-ne-sais-quoi par un scribouillard, journaliste et scénariste à la manque.

Jeannot est arrivé au Fouquet's, il a repéré l'individu et lui a fait manger l'article infâme. Quand je dis « manger », ce n'est pas une expression : il le lui a fait avaler devant tout le monde !

Ça, c'était un gaillard comme je les aime. C'est grâce à lui que j'ai appris que nous avions le droit de casser la gueule aux journalistes. Il m'est arrivé de profiter de la leçon.

*

J'ai eu des démêlés avec un petit journaliste.

Il avait ourdi un plan contre moi : il avait publié dans *Le Figaro* un article disant que j'avais volé le scénario du *Miraculé* à un photographe de L'Alcazar qui, soi-disant, avait écrit la même histoire. Il y a eu procès, au cours duquel on s'est aperçu que j'avais déposé mon scénario à la SACD deux ans avant le type en question.

Mais *Le Figaro* n'a jamais publié aucun démenti et a laissé courir le discrédit. J'ai fini par trouver le journaliste. C'était un petit bonhomme ridicule. Je lui aurais bien pété la figure, mais il était vraiment trop en état d'infériorité.

*

Être critique, c'est un travail de forçat.
Ils passent leurs journées à aller d'un film à l'autre, le dos courbé, comme s'ils avaient un boulet au pied. Pas un sourire, la tristesse sur leurs visages.
À les regarder passer d'une salle à l'autre, on dirait vraiment des forçats au bagne.

*

Aujourd'hui, je vois des critiques sortir d'une projection privée et s'engouffrer dans un restaurant où ils ne parlent du film qu'ils viennent de voir que pendant trois minutes. Avant, on avait la passion du cinéma, on était capable de parler d'un film pendant des heures.
Aujourd'hui, les critiques s'en branlent, du cinéma. Ils ingurgitent des films comme des frites ou des hamburgers.

*

Un étudiant sans son *Monde*, son *Libé* ou son *Télérama* n'est pas un étudiant comme il faut. Un étudiant qui se respecte va où *Le Monde*, *Libé*, *Télérama* lui disent d'aller.

*

Les critiques veulent nous indiquer la route à suivre, leur route. Ils voudraient que nous, cinéastes, soyons des moutons bêlants marchant tous d'un même pas.

Le problème, c'est qu'ils n'indiquent pas tous la même direction ; *Le Monde* ne partage pas les mêmes envies que *Première*, *Libération* n'a rien à voir avec *Le Figaro*. Donc, les écouter, c'est tourner la tête de tous les côtés sans jamais avancer. Certains le font, je pourrais donner des noms.

Moi, je préfère aller dans ma propre direction. Les critiques me suivent ou pas, mais ils ne me précèdent jamais.

*

S'il y a du monde qui entre dans les salles pour voir mes films, qu'est-ce que vous voulez que ça me foute que la critique en dise du mal ?

Ce sont des mecs qui sont jaloux. Je le sais parce qu'ils m'envoient des scénarios. Comme je les refuse, ils me descendent !

*

Le souci, avec les journalistes de la presse écrite, c'est qu'ils prennent des notes. Comme ils ne sont pas sténodactylos, ils prennent des mots à la volée qu'ils reconstituent ensuite dans des phrases. Il y a donc des mots à vous au milieu de mots à eux. C'est pour cela que, souvent, ça ne veut rien dire ou que ça dit le contraire de ce que vous pensez.

En plus, s'ils écrivent mal – ce qui est souvent le cas –, ils vous collent dans la bouche des mots idiots qui vous font passer pour un crétin.

*

Gilles Jacob est mon ennemi mortel depuis longtemps.

Un jour, nous l'avons invité à une projection de *L'Albatros*, qui raconte l'histoire de deux hommes politiques aussi antipathiques l'un que l'autre. Il en ressort enthousiasmé :

– C'est formidable, je vais vous faire un bon article.

Quelques jours plus tard, on lui téléphone pour avoir un extrait de son article futur, une bonne phrase que l'on aurait reproduite pour les cinémas. Il dicte à mon assistant cette phrase : « Mocky est le Saint-Just du cinéma français », que nous avons imprimée.

Quand sort *L'Express*, j'y vois un article de Gilles Jacob parlant de « vieilles ficelles et ringardises ». Rien à voir avec ce qu'il nous avait dit. Je ne comprenais plus.

Grâce à une copine journaliste qui travaillait à *L'Express*, j'ai appris ce qui s'était passé.

Françoise Giroud, patronne du journal, était proche de Jean-Jacques Servan-Schreiber, qui se lançait dans la politique. Elle avait vu mon film et estimait que l'un des personnages était une insulte à Servan-Schreiber. Ce qui n'était pas vrai, sans être tout à fait faux. Résultat : elle ne pouvait pas dire du bien de *L'Albatros* dans *L'Express*. Elle a refait entièrement l'article. Mais ce qu'il y a de grave, c'est que Jacob a laissé sa signature dans un papier qui était le contraire de ce qu'il nous avait dit.

Quelque temps après, je l'ai retrouvé dans une projection et j'ai failli le tuer.

Plus tard, il est devenu président du Festival de Cannes. Je n'ai jamais été invité à ce festival...

Pensées télévisuelles

Vous voulez faire réfléchir les téléspectateurs, soit, mais pas avant minuit cinq.

*

Quand Jérôme Clément – actuel président d'Arte – a été nommé directeur du CNC, il a organisé une conférence de presse.
J'y étais, pour savoir quelle tête il avait et ce qu'il avait dans le ventre.
Un journaliste du *Monde* lui demande :
– Monsieur Clément, pouvez-vous nous dire ce que vous comptez faire avec les ciné-clubs ?
Clément a ouvert des grands yeux de surprise :
– Avec les quoi ?
Le directeur du CNC, venant d'un autre monde, entrait pour la première fois dans le nôtre.

*

Arte est une télévision qui me fait marrer.

Elle est dirigée par des gens qui ne semblent pas s'intéresser à tous les artistes, seulement à certains. Que les dirigeants de TF1 n'y connaissent rien, c'est normal, mais sur une chaîne qui se veut culturelle... Monsieur Clément, changez certains de vos collaborateurs, de grâce !

*

Le cinéma survit grâce à la télé. Il faut donc faire des films « télédiffusables ». C'est une forme de censure qui ne se déclare pas. On n'est pas mieux qu'en Iran, faut pas croire, sauf que nos femmes ne sont pas voilées.

*

La télé française est une sorte de capote anglaise du cerveau.

*

Les télés diffusent un maximum de merdes. Alors, quitte à en acheter une, autant qu'elle soit signée par moi.

*

Je déteste les émissions où on vous coupe la parole. Non pas couper en face à face, mais couper au montage. On me fait venir pour dire ce que je pense et on coupe tout ce que je dis.

Pensées anecdotiques

Au Conservatoire, j'étais très ami avec Jean-Paul Belmondo. Nous avons même joué une pièce ensemble, *Gloriana sera vengée*. Chaque fois qu'il en parle, il se rappelle qu'il y avait plus d'acteurs sur scène que de spectateurs dans la salle !...

Plusieurs années plus tard, je réalise mon premier film, *Les Dragueurs*. J'engage Charles Aznavour, que je trouve excellent. Pour l'autre rôle, je pense à Jean-Paul. Le distributeur du film était un vieux de la vieille ; il se nommait Fernand Rivers. Il me convoque et me dit :

— Monsieur Mocky, nous sommes dans le cinéma. Le cinéma, c'est d'Artagnan et Planchet, ce n'est pas Planchet et Planchet. Aznavour est horrible, Belmondo est horrible, vous ne pouvez pas avoir deux acteurs laids dans un même film. Il faut un beau mec, on prend Jacques Charrier !

Charrier était alors le mari de Bardot. Belmondo s'est trouvé écarté, alors que c'était mon ami. J'ai tenté de lui expliquer, mais il m'en a voulu toute sa vie.

Quand il est devenu vedette, jamais il n'a voulu tourner avec moi. Il n'a cessé de me répéter :
– Tu étais un copain, il fallait me soutenir !

Depuis qu'il est malade, nous nous sommes un peu rapprochés. Il faut dire qu'il est quasiment mon voisin à Paris. Et j'ai espoir de le faire tourner avec Richard Anconina, qui fut son partenaire dans *Itinéraire d'un enfant gâté*.

*

Un jour, on amène une actrice à Fellini. Lui, il voulait une grosse qui mange des pâtes dans un restaurant. On lui envoie une actrice de théâtre qui ne savait pas avaler de spaghettis, en tout cas pas comme il voulait. Il voulait qu'elle le fasse de façon populaire.

Fellini me demande de trouver quelqu'un de bien. J'ai fait la tournée des petites *trattorias* et j'ai ramassé une énorme bonne femme qui mangeait avec une gueule incroyable.

Fellini était aux anges !

*

Bourvil voulait absolument tourner avec moi.

Mais son agent était contre. Il se nommait Trives et était l'imprésario de Tino Rossi. Ce mec avait une gueule incroyable, toute de travers, et une jambe de bois. Il soutenait que laisser Bourvil tourner avec moi, c'était une connerie, qu'André y perdrait toute sa « clientèle ».

C'est vrai que le public de Bourvil était plutôt bien-pensant, très gaulliste. Très Mme de Gaulle, même. La France profonde et tout le toutim. Or, moi, je voulais lui faire jouer un pilleur de troncs d'église. Vous imaginez le scandale !

*

Lorsque j'ai voulu Jacqueline Maillan pour le rôle de la reine du Minitel rose dans *Les Saisons du plaisir*, je ne me suis pas dégonflé. J'ai été la voir au théâtre, où elle triomphait dans je ne sais plus quelle comédie. On se connaissait par l'intermédiaire de Jean Poiret. Je lui dis :

– Voilà le personnage : une obsédée aux poils rasés qui finit par se faire baiser par un flic.

Elle n'a pas hésité une seule seconde :

– Je marche !

Et elle a été formidable.

Des actrices prêtes à toutes les folies, comme elle, je n'en ai pas connu beaucoup.

*

Catherine Deneuve aussi est capable de tous les culots. Pas autant que Jacqueline, mais un peu quand même. Un jour, elle me dit qu'elle en a marre de son image de blonde sophistiquée. Elle aimerait bien en

changer, mais personne ne lui propose autre chose. Ni une ni deux, je lui dis :
— Je vais te foutre une perruque frisée et, dans le film, tu te caresseras sur un divan.
Elle s'est marrée et elle m'a demandé :
— On commence quand ?
C'est comme ça qu'est né *Agent trouble*.

*

Ce qui est formidable, c'est que les progrès de la technique sont allés de pair avec le déclin du jeu de l'acteur.
À l'époque ou chaque prise coûtait cher, les Raimu, Gabin et autres Bourvil étaient bons du premier coup. Gabin refusait même de faire une seconde prise.
Aujourd'hui, beaucoup d'acteurs ne connaissent pas leur texte, ils ont besoin d'être rassurés, ils veulent veiller à leur image, bref, on est obligé de multiplier les prises pour en tirer quelque chose et, grâce à la DV, on peut le faire à peu de frais !

*

Alain Delon aurait aimé changer de look, mais il n'a jamais osé. Je lui ai proposé de se raser complètement la tête pour un de mes films. Delon, chauve ! Personne n'avait jamais vu ça. Il a hésité, mais il a refusé.

Au lieu de ça, il a préféré se déguiser pour aller jouer *Un amour de Swann* d'après Proust. Il aurait mieux fait de venir travailler avec moi...

*

J'ai toujours voulu faire tourner Danielle Darrieux et je n'y suis jamais arrivé.

Pour *Le Miraculé*, je voulais lui faire jouer la Vierge Marie. Toute en bleu et blanc. J'avais découvert une statue de *La Vierge à l'Enfant* qui lui ressemblait. Mais mon scénariste, Jean Aurenche, voulait aller plus loin : il voulait la faire arriver à Lourdes en figure de proue d'une locomotive à vapeur. Ça aurait été grandiose !

Finalement, nous n'avons pas pu le faire. Je le regrette.

*

L'un de mes projets les plus chers se nomme *Les Carrossiers de la mort*. Je l'ai traîné pendant des décennies et je l'ai proposé à tout le monde. Un jour, j'ai l'idée de réunir Stallone, Van Damme et Schwarzenegger. Arnold était de passage à Paris et je lui en ai parlé. Il était d'accord.

Le soir même, il était l'invité d'Antenne 2 pour je ne sais plus quelle émission inutile. Le journaliste lui a demandé quels étaient ses projets. L'autre, avec son accent autrichien, lui répond :

– Je vais faire un film avec Jean-Pierre Mocké.

Il n'a pas dit « Mocky » mais « Mocké ». J'étais mort de rire.

Seulement, il avait à peine fini sa phrase que mon téléphone n'arrêtait pas de sonner et que des hordes de journalistes sonnaient à ma porte pour savoir quel était ce film dont parlait Schwarzenegger.

*

Mickey Rourke et moi devions faire un film ensemble. Nous nous entendons très bien, car il est encore plus déjanté que moi.

Un soir, j'organise une rencontre avec mon producteur dans un bar d'hôtel. Mickey est arrivé en retard et déjà passablement éméché. À peine assis, il s'est mis à boire comme un trou. Vaille que vaille, j'essayais de maintenir la conversation avec le producteur. Qui se demandait si ce drôle d'acteur était gérable.

Tout à coup, Rourke s'est levé pour aller pisser. Il a traversé le bar d'une démarche titubante. Moi, je continuais à calmer mon producteur.

Rourke est revenu. Je l'ai vu chercher des yeux notre table. Il a marché vers nous mais s'est trompé et s'est assis à une autre table où se tenaient deux messieurs. Il leur a parlé en croyant qu'il s'agissait de moi et du producteur !

Le temps que je le ramène à la raison, le producteur était parti. Et le film ne s'est jamais fait.

*

J'ai failli à plusieurs reprises travailler aux États-Unis. La dernière fois remonte à seulement quelques années. Un projet qui réunissait Monica Bellucci, John Malkovich et Jude Law. Une grosse production. Tout allait bien jusqu'au jour où j'ai reçu le contrat. Méfiant, je l'ai épluché ligne par ligne. Il y était stipulé que, si au bout de sept jours je ne donnais pas « entière satisfaction » au producteur, j'étais viré.
J'ai préféré partir avant.

*

J'ai eu des problèmes avec Fernandel quand je lui ai fait tourner *La Bourse et la Vie*. Lui voulait faire du Fernandel, moi, je lui ai demandé de gommer tous ses tics, même s'il s'agissait d'une comédie.
Résultat : quand les exploitants ont vu le film, ils ont hurlé à la trahison. « Ce n'est pas un Fernandel ! » qu'ils disaient. Du coup, le film – qui était une commande – a été un échec.
Remarquez, ce n'est pas grave puisque je ne l'aimais pas beaucoup.

*

J'ai été en Roumanie faire un casting de Lilliputiens.
L'INA m'avait demandé de refaire *Les Voyages de Gulliver* d'après un scénario de Méliès. J'avais trouvé un Ukrainien de 2,27 m pour faire Gulliver. Les trucages coûtant trop cher, je devais mettre à côté

de lui de vrais Lilliputiens, c'est-à-dire non pas des nains qui ont une grosse tête, mais des êtres tout à fait proportionnés, en modèle réduit.

Je me suis rendu près de Budapest où se trouve un village de Lilliputiens. Tout un village avec des petites maisons habitées par des gens qui ne mesuraient pas plus de 1,10 m pour les hommes et 90 cm pour les femmes.

Ce fut très étrange comme sensation. Je ne pouvais pas entrer dans les maisons. Quand on m'offrait à boire, c'était dans des petits verres d'enfant ne contenant pratiquement rien. Je me suis vraiment senti Gulliver.

J'ai réuni des gens autour de la place centrale et j'en ai choisi une vingtaine que j'ai fait venir à Paris. Je ne me souviens pas s'ils ont eu droit à un demi-tarif dans les trains.

*

Michel Serrault adorait tourner avec moi. Quand il était sur un de mes tournages et qu'un acteur arrivait en demandant :
– Où est ma loge ?
Michel répondait :
– Là-bas, derrière les chiottes !

*

Pour *Un couple*, je ne parvenais pas à trouver l'interprète idéal.

Alors, j'ai fait un portrait-robot du genre de personnage que je cherchais. Nous l'avons diffusé dans la presse et j'ai engagé l'homme qui ressemblait le plus à ce portrait !

À ma connaissance, c'était la première fois qu'un tel procédé était utilisé.

*

Être réalisateur apporte certaines déconvenues.

Dans *Les Saisons du plaisir*, une actrice devait prendre une douche. Ce qui provoquait cette réplique de Bohringer :

— Je n'avais jamais vu une fille aussi poilue.

La comédienne était brune et j'étais convaincu qu'elle aurait le pubis poilu. En réalité, elle n'avait presque pas de poils. J'ai demandé à la maquilleuse de lui foutre des faux poils. Elle lui en a collé presque jusqu'au nombril !

*

En Italie, j'ai joué Lamartine. Seulement, à l'époque, pour les Italiens, un jeune premier devait forcément être baraqué. Moi, j'avais des petites épaules. Quand il m'a vu, le producteur a dit :

— C'est pas possible, ce type a l'air d'un tuberculeux !

On m'a amené chez un artisan qui fabriquait des bustes en caoutchouc. Pour gagner du temps, il m'a collé le buste que portait Errol Flynn dans *Les Aventures de Don Juan*.

J'étais monstrueux : une petite tête et des épaules énormes ! On aurait dit Quasimodo.

*

Pour *Une nuit à l'Assemblée nationale*, j'ai visité des camps de nudistes.

Car, dans mon film, à un moment, l'Assemblée est occupée par des nudistes. J'en avais quatre cent cinquante. Ils avaient eu froid, les malheureux, parce que je tournais en plein hiver dans un entrepôt où on avait reconstitué l'hémicycle.

Les nudistes ne sont pas des sexuels, ils ne se réunissent pas à poil pour avoir des rapports. Ce sont des « bio », ils se veulent proches de la nature. Tout le monde est nu : la mère, les enfants, le père, la grand-mère. Ce n'est pas très ragoûtant, car ils sont rarement d'une beauté extraordinaire. Ils sont rigolos.

Tout cela reste très convivial. Et même un peu tristounet. C'est affligeant, un camp de nudistes.

*

Pour *Une nuit à l'Assemblée nationale*, on a eu le droit de tourner une seule journée dans la cour d'honneur de l'hôtel de Lassay.

Tout se passait bien, jusqu'au moment où Michel Blanc devait pisser sur une voiture. C'était prévu dans le scénario. Il choisit une voiture au hasard.

Enfin, pas tout à fait au hasard : la plus belle du lot. Michel Blanc, qui était tout nu, a pissé sur une voiture officielle !

Seulement, le président de la Chambre des députés, Jacques Chaban-Delmas, était à sa fenêtre. Il a tout vu ! Et, en plus, c'était sa voiture !

On a été immédiatement virés de l'endroit.

*

Quelques jours après, je devais montrer ce même député prenant un taxi en sortant de l'Assemblée nationale.

J'étais obligé de tourner cette scène place du Palais-Bourbon. Elle se déroulait à huit heures du soir, en hiver.

J'ai dit à Michel Blanc :

– Tu mets un manteau, on appelle le taxi et, au moment où le taxi arrive, tu enlèves ton manteau devant les gardes républicains et tu fais semblant de sortir de l'Assemblée.

Eh bien, on l'a fait ! La scène est dans le film. Une scène volée, en quelque sorte.

*

La commission de censure a visionné *Une nuit à l'Assemblée nationale*.

Il paraît qu'un des membres est sorti de la projection en disant :

– C'est la plus grosse merde que j'aie jamais vue !

Ça m'a fait sacrément plaisir d'entendre ça. Car, si on accepte de faire partie d'une commission de censure, on est forcément un con. Et qu'un con n'aime pas mon film, c'est bon signe.

*

L'un des films les plus étranges que j'aie jamais vus est une série Z américaine dont j'ai oublié le titre.

Ça raconte l'histoire de deux sœurs siamoises dans un cirque et d'un lanceur de couteaux, bel Italien à moustaches. Il tombe amoureux d'une des sœurs. Il l'épouse. Fatalement, il doit aussi vivre avec l'autre puisqu'elles sont siamoises. Mais il ne la touche pas. Quand il baise sa femme, l'autre tourne la tête de l'autre côté.

Et puis l'Italien trompe sa femme avec une belle écuyère. L'éconduite l'apprend et le tue. Seulement, quand elle passe au tribunal, elle est toujours avec sa sœur siamoise, qui est innocente. Le juge est emmerdé parce que, s'il condamne celle qui a tué, il condamne aussi celle qui n'a pas tué.

À la fin, le juge, ne sachant pas quoi faire, et le réalisateur non plus, se tourne vers la caméra et demande aux spectateurs :

– Qu'est-ce que je dois faire ?

*

Quand j'ai fait *Le Mari de Léon*, je l'ai proposé à plein d'acteurs. Belmondo s'est trouvé trop vieux ; Delon s'est trouvé trop jeune.

*

Luchino Visconti était un patriarche assez hautain, entouré de petites folles.

Moi, il m'aimait bien, justement parce que je n'étais pas une folle. J'ai été son assistant stagiaire sur *Senso* et jamais il ne m'a fait la moindre proposition.

En revanche, il me prenait souvent à part pour me parler. Il me racontait qu'il avait eu de nombreux amants, y compris des gens célèbres.

Je tiens la liste à votre disposition.

*

J'ai failli tuer Jean Gabin !

J'avais une scène avec lui dans *Le rouge est mis*, où je devais conduire une voiture. C'était une des premières voitures à vitesse automatique. J'étais censé partir en colère. Mais, au lieu d'aller en avant, j'ai fait une marche arrière. J'ai failli écraser Gabin qui était juste derrière. J'ai freiné juste à temps.

Ça l'a fait marrer. Il ne s'est pas fâché du tout. Il m'a eu à la bonne...

C'était bizarre parce que moi, j'avais plutôt une réputation d'intello, et lui avait une mentalité d'ouvrier. Il habitait le château de Madrid, dans Neuilly, où il m'invitait à dîner. Le décor était très bourgeois, avec un immense jardin, et ça contrastait avec sa mentalité.

C'est au cours de ces repas qu'il m'a présenté Bourvil et Fernandel, avec qui j'ai travaillé.

*

Gary Cooper est venu tourner *Ariane* à Paris.

Il avait une maîtresse rue François-Ier. Je ne peux pas donner son nom car elle est toujours vivante et toujours célèbre. Or, cette dame, qui n'hésitait pas à payer de sa personne, était aussi ma maîtresse. J'avais les clefs de son studio.

Un jour, je revenais d'un cocktail de peintres, j'étais un peu soûl. J'avais envie de voir ma maîtresse. J'ouvre la porte, j'entre dans le salon et qui je vois ? Gary Cooper en personne ! Lui aussi avait la clef. Il me prend pour le frère de la dame. Je ne l'ai pas démenti et on a parlé de sa carrière. Je crois qu'il n'a jamais su que sa maîtresse parisienne avait d'autres amants.

Lui et moi n'avons jamais tourné de film ensemble, mais nous avons partagé autre chose. Et j'ai passé une excellente soirée.

*

J'ai fait un documentaire sur les films porno tournés en Suède.

À Malmö, qui est une ville côtière, se trouvent des usines de films porno. De vraies usines, dans de grands bâtiments. Au lieu d'y construire des voitures ou des aspirateurs, on y fait du porno.

Je me suis rendu là-bas, j'y suis resté une semaine. À l'intérieur des grands entrepôts, vous trouvez une succession de décors : la chambre à coucher, la cuisine, la salle de bains... Tout cela très Ikea.

Le matin, arrivaient des breaks Volvo familiaux. Un monsieur et une dame en descendaient avec deux ou trois enfants. Ils les plaçaient dans une nursery ou une aire de jeu surveillée par des dames. Le père et la mère allaient au sauna, puis ils allaient prendre une douche et ils entraient dans un décor où ils s'enfilaient joyeusement. C'étaient des couples légaux, qui venaient travailler là comme on va à l'usine ou comme ils iraient jouer au golf. Dans un climat très familial.

La majorité des pornos suédois qui envahissent le monde vient de ces usines de Malmö. Pourtant, les voir travailler n'a rien d'excitant.

*

En 1976, Giscard a autorisé les films porno dans les salles, en leur collant une surtaxe. Résultat : toutes les salles d'art et d'essai qui ne faisaient pas un rond avec les films d'auteur se sont mises au porno. Même avec la surtaxe, elles gagnaient plus d'argent.

Des cinéastes comme moi se retrouvaient sans salles, car nous étions bannis des grands circuits. Ça m'a passablement énervé. Un type m'a dit :

– Fais un porno ! Non seulement tu te vengeras mais, en plus, tu gagneras peut-être suffisamment d'argent pour financer ton prochain film.

J'ai rencontré un producteur qui n'était pas du métier. Il possédait une très grosse boîte de balisages pour les aéroports et avait envie de se lancer, discrètement, dans le porno.

J'étais très gêné mais j'ai fini par accepter, à condition que ça ne se sache pas. J'ai pris le pseudonyme de Serge Batman et, la plupart du temps, je me cachais derrière un masque de Batman.

J'ai commencé par chercher un titre. À l'époque, les titres étaient complètement débiles : *L'aubergine est bien farcie*, *Babette aime les quéquettes*, *Chattes ravageuses*, *L'hôtesse voyage sans slip*, *La prof enseigne sans préservatif*, etc. Moi, j'ai choisi *Les Couilles en or*, dans l'espoir que ce titre soit prémonitoire.

J'ai organisé un casting. Je ne demandais rien de spécial, à part se mettre nue pour que je voie comment était le corps.

Je ne voulais pas de professionnelles du sexe, que des amatrices. J'ai ainsi vu arriver une receveuse des Postes, une ouvrière qui travaillait dans une usine de roulements à billes et quelques autres. Celles-là venaient pour se faire de l'argent. D'autres venaient pour le plaisir. Il y en avait aussi qui venaient parce qu'elles étaient complexées et qu'elles voyaient le porno comme un défi.

Celle qui m'a le plus surpris était une ouvrière qui avait un physique à la Viviane Romance. Brune, beaux seins, lèvres charnues. Magnifique. Elle est

arrivée à mon bureau et la première chose qu'elle m'a dite en s'asseyant, c'est :
– J'ai un beau vagin !
J'ai sélectionné des gens assez beaux. La fille qui a eu le rôle principal était une actrice de la compagnie Renaud-Barrault. Je pense qu'elle était un peu nymphomane.
Nous avons tourné dans un château pendant deux jours. Le défaut de mon film était d'être beau. La beauté casse la sexualité. Ce sont les films les plus crades qui marchent le mieux en porno ; des types quelconques qui baisent des nanas moches ramassées dans la rue. Plus il y a de boutons sur les fesses, plus ça plaît. L'art n'a jamais fait bander.
Le film n'a pas marché du tout. Entre-temps, l'actrice principale a épousé un type qui, apprenant qu'elle avait fait un porno, a racheté tout le négatif. Il a été voir le producteur et lui a tout racheté. Je crois qu'il a détruit le négatif et le film a disparu de la circulation.
Pas complètement, parce que j'en ai gardé une copie. Elle est dans un coffre. Il m'arrive de la projeter à quelques amis...

Pensées honorifiques

Quand j'étais à l'école, je n'avais jamais de prix.
Pour avoir un prix, il fallait se montrer bon élève, arriver à l'heure, être bien avec les profs. Aujourd'hui, dans le cinéma, c'est pareil.
Et moi, je n'ai pas changé.

*

Je n'aime pas les prix parce que je n'aime pas les juges.

*

Les récompenses, je n'en veux aucune.
Je ne veux pas de l'Académie des beaux-arts, je ne veux pas être à la tête de la Cinémathèque. Surtout pas de décoration.
Quand on regarde les chevaliers des Arts et Lettres, on voit un salmigondis de vrais artistes et de

nullards. Ça brouille les cartes, ça dévalorise les figures, le cinq de trèfle coupe le roi.

*

Je ne regrette pas de n'avoir jamais reçu aucune décoration quand je vois la tête des gens qui les portent.

*

Un véritable artiste ne court pas derrière les prix.

*

Toute l'histoire de l'art prouve que la plupart des grands artistes n'ont pas été reconnus de leur vivant.
C'est pour ça que les césars sont une vaste connerie.

*

Observez les regards de tous ces gens en smoking et en robe de soirée à la cérémonie des césars. On n'y voit que de la méchanceté quand un autre est récompensé. C'est de la jalousie à l'état pur.

*

Aux césars, dès qu'ils apprennent qu'un mec a un cancer ou qu'il est en train de crever, ils lui filent un césar d'honneur.

Le jour où ils me proposeront un césar d'honneur, je saurai que je suis dans un sale état.

*

Il y a trois cent cinquante festivals de cinéma par an en France. Presque un par jour.

Qu'est-ce que ça apporte au cinéma ? Rien. On ferait mieux d'utiliser l'argent de ces festivals pour venir en aide aux SDF.

*

Les gens ne vont au Festival de Cannes que pour baiser et bouffer. On pourrait retirer les films, personne ne s'en rendrait compte.

*

Le Festival de Cannes : on ne peut pas comparer des choses qui ne sont pas comparables. Un jeune qui vient de faire un film avec des bouts de ficelle ne peut pas être en face d'un film américain qui coûte des milliards. On ne compare pas un boxeur poids lourd avec un poids léger.

Tout est déjà faussé dès le départ.

*

Au Festival de Cannes, il y a plus de flics et de vigiles que de spectateurs.

*

Obtenir une accréditation au Festival de Cannes, c'est pire que d'aller se faire rembourser un cachet d'aspirine à la Sécu. Vous êtes chez les Papous en 1910 !

*

Quand je vois la remise des prix du Festival de Cannes, j'ai l'impression d'assister à la fête scolaire de Palavas-les-Flots.

*

J'aime bien Martin Scorsese.
J'ai été sur une liste pour jouer un des apôtres dans *La Dernière tentation du Christ*. J'étais content. Surtout que c'était bien payé. Malheureusement, les préparatifs ont traîné et, quand il a lancé son tournage, je n'étais plus libre.
Tout cela nous a permis de sympathiser. Je me suis rendu compte que nous avions la même bête noire : le cinéaste Theo Angelopoulos. C'est un fou furieux qui ne fait que des trucs emmerdants. Ses films ne sont montrés que dans les festivals. Quand il arrive, il hurle, fait des scandales et exige d'avoir un prix.

Pourtant, toute son œuvre est « emmerdantissime ». Scorsese me dit :
— Quel con, ce type, il faudrait le fusiller !
Arrive le Festival de Cannes où M. Scorsese est nommé président du jury. Il y a un film d'Angelopoulos dans la sélection. Le dernier soir, j'assiste à la remise des prix et je vois mon Scorsese annoncer :
— À l'unanimité, nous accordons le prix à Angelopoulos !
Ce jour-là, j'ai compris que même le président du jury n'avait aucun pouvoir. Tout est décidé dans la coulisse.

*

Je regrette le temps où on voyait des starlettes à poil au Festival de Cannes. Ça mettait du piment entre des projections soporifiques.

*

Pour se faire remarquer au Festival de Cannes, il faut faire de l'effet. Une année, Sophie Marceau a sorti son sein.
Je ne peux quand même pas sortir ma bite !

Pensées professionnelles

Le métier d'acteur, j'en raffole pas.
C'est un métier de femme. Il faut se grimer, se poudrer, craindre les cheveux gris, se maquiller soi-même et maquiller sa vie.

*

Les cours d'art dramatique sont d'inutilité publique.
Tu veux être une star ? Compte sur toi-même, fais-toi une personnalité et envoie chier les profs !

*

Vous ne pouvez pas demander à une actrice de la Comédie-Française de jouer une soûlote, elle serait ridicule.

*

Pour être un grand acteur, il faut être du peuple, il faut avoir souffert

*

À force de rendre les acteurs tellement « naturels », on les fait disparaître.

*

Au cinéma, les gens parlent juste ; comme si tous les protagonistes sortaient du Conservatoire ou de la Comédie-Française.
Pas dans mon cinéma.
Qui a raison ?

*

Les autres films marchent bien, pas les miens. Donc, c'est moi qui ai tort, probablement...
Ou bien j'ai raison et alors tous les autres films sont mauvais.

*

Je me suis toujours demandé pourquoi beaucoup de personnes timides faisaient du cinéma. En fait, ce n'est pas difficile à comprendre : dans le cinéma, c'est plus facile de trouver une nana qu'ailleurs. Alors que dans la vie courante, il faut se lever de bonne heure !

*

Aujourd'hui, les jeunes acteurs ne gueulent plus. Il y a trop de pognon en jeu et, comme ils veulent bouffer à tous les râteliers, ils se taisent.
Moi, je n'ai personne qui m'aide, donc je peux continuer à gueuler.

*

Au cinéma, acteurs et techniciens ont pris de mauvaises habitudes : ils sont mous.
Ils perdent du temps entre chaque prise. Un acteur qui tourne pendant seize semaines, il ne sait plus ce qu'il a fait au départ.
Moi, je les bouscule, je leur arrache leur spontanéité. Et je tourne en seize jours.

*

Les acteurs, ça les fait marrer de tourner avec moi.
Normalement, jouer la comédie devrait être un métier de distraction mais, dans la plupart des films qu'ils font, ils ne s'amusent pas du tout. Avec moi, ils retrouvent du plaisir.

Pensées confraternelles

Beaucoup de gens de cinéma me haïssent parce qu'ils jalousent ma liberté.

*

En France, les gens de cinéma se détestent. Beaucoup se réjouissent de l'insuccès d'un camarade. Je trouve ça idiot.

*

Il y a beaucoup de metteurs en scène qui ne peuvent pas me sacquer.

Il m'est arrivé plusieurs fois de ne pas être salué par un confrère. Ils sont jaloux, alors que c'est moi qui devrais être jaloux de l'argent qu'on leur donne pour faire leurs œuvres.

*

Être satisfait de ce qu'on fait est une énorme connerie.
C'est la raison pour laquelle je n'aime pas Patrice Chéreau.

*

Je ne sais pas pourquoi, mais j'ai toujours détesté *Cent mille dollars au soleil*.
J'avais été le voir au moment de sa sortie et, malgré le fait qu'il y ait Belmondo, Ventura, Blier, je me suis tellement emmerdé que j'ai quitté la salle avant la fin.
Il faudrait que je le revoie pour me faire une opinion.
Mais je n'en ai pas le courage.

*

Quand je vois le film de Zabou Breitman qui fait baiser Campan par Berling, ça ne me plaît pas. Ce n'est pas parce que je n'aime pas les homosexuels, j'adore les homosexuels ! Mais ce n'est pas beau. Ce n'est pas *Mort à Venise*, ni même *Philadelphia*, avec Tom Hanks. C'est quelque chose de quelconque.
Et quand je vois M. Bacri qui baise sa femme de ménage, ça me laisse de glace. C'est quelque chose que je ne veux pas voir au cinéma. Je le vois dans la rue, dans les quartiers, tout autour de moi. Je ne veux pas aller au cinéma pour voir ça.

*

Les cinéastes comme Klapisch et Ozon ont du talent, mais je ne raffole pas de leurs sujets.

Moi, *L'Auberge espagnole* et *8 femmes*, je vous les laisse.

Bon, d'accord, je veux bien admettre qu'ils ont du talent. Pareil, il y a aussi du talent dans *La Môme*, tous ces films-là. Mais ce n'est pas mon truc.

Le problème, c'est que ce sont des esthètes. Avant, il y avait des gens comme Carné, Becker, Clouzot. C'étaient des cinéastes qui entraient dans le vif. *Le Corbeau* et *Casque d'or* sont des chefs-d'œuvre, pas des films d'esthètes. Carné n'était pas esthète du tout, c'était un ouvrier. *Les Enfants du paradis* n'est pas un film esthétique, c'est un film avec des grands personnages, étonnants et populaires.

Aujourd'hui, on présente dans *L'Auberge espagnole* trois jeunes cons qui partent en Espagne. Mais j'en ai rien à foutre de ça, mais alors rien à foutre ! Ça me donne d'abord l'impression que les jeunes d'aujourd'hui sont des connards, ce qui n'est pas le cas. Ça nous montre des femelles qui ne suscitent pas la même envie sexuelle que, dans le temps, Danielle Darrieux ou des filles qui étaient plus charmantes, si vous voulez, moins marquées par les joints.

Alors, on se rapproche, effectivement, du public. C'est vrai qu'il y a beaucoup plus d'Audrey Tautou dans le public qu'il n'y a de Danielle Darrieux. Mais tout ça crée un système. C'est-à-dire qu'on a l'impression d'entrer dans des draps de tous les jours. Au lieu de vous échapper par le rêve, vous vous retrouvez dans un supermarché. Ça, je ne supporte pas.

À force de rendre les acteurs tellement naturels, on les fait disparaître. Fernandel ou Bourvil, ils avaient des tics. James Cagney en avait aussi. Maintenant, ils n'ont plus de tics, donc ils deviennent totalement impersonnels. Quand je vais au cinéma voir ce genre de films, j'ai l'impression de faire mes courses.

Mais pourquoi pas, après tout... Je ne les méprise pas, ces gens-là. Et il ne faut pas croire non plus que je méprise le public !

*

Pourquoi est-ce que *Le Dîner de cons* a si bien marché ?

Parce que tous les cons s'y sont reconnus, et ils sont nombreux.

*

Luc Besson est un type bourré de talent. En tant que réalisateur, pas en tant que producteur. Quand on regarde la liste de ses productions, on s'aperçoit qu'il n'a financé que beaucoup de machins quelconques : des films sur les banlieues, sur les taxis, des films d'action idiots...

Il devrait s'arrêter et se concentrer sur ce qu'il sait faire : réaliser.

*

Besson, Spielberg, Coppola et Lucas sont devenus des entrepreneurs qui dirigent des collections de bouquins pour enfants.

*

François-Xavier Demaison a fait Coluche. Il l'a bien travaillé, mais ce n'était pas Coluche. Demaison est un brave garçon, mais il n'a pas le tiers du quart de ce qu'était Coluche. Il a essayé d'entrer dans sa peau, mais on ne devient pas Coluche en se contentant de mettre la salopette et le nez rouge.

Ça ne sert à rien d'incarner des monstres aussi exceptionnels. S'ils ont marqué leur époque, c'est parce qu'ils étaient uniques, alors n'essayons pas de les dupliquer.

*

Si on devait faire un film de ma vie, je ne sais vraiment pas quel acteur je verrais dans mon rôle.

Il faudrait un type qui ait des traits réguliers, comme moi, mais qui soit un peu fou à l'intérieur. Or, mon physique ne correspond pas à ma folie. Je ne pense pas qu'un acteur aux traits réguliers puisse traduire toute la vie que j'ai eue. Cette combinaison n'existe plus.

Cela servira de prétexte pour ne jamais faire de film sur moi.

*

Je suis d'origine juive. Mais je n'ai jamais fait un film sur les juifs.

*

Alain Resnais est considéré comme un « grand monsieur » du cinéma.
Ce que personne ne sait, c'est qu'il n'a jamais été dupe du sérieux de ses premiers films. Il était parfaitement conscient que certains passages étaient chiants. Mais personne n'osait rien lui dire parce que c'était M. Resnais.
J'ai vu des spectateurs dormir à ses films et se réveiller en hurlant au chef-d'œuvre. Lui, Resnais, ça l'a toujours fait marrer.
Il m'a raconté que les ouvreuses avaient reçu la consigne de sillonner la salle lorsqu'un de ses films était projeté. Pas pour traquer les resquilleurs, mais pour réveiller tous ceux qui dormaient et qui, par leurs ronflements, gênaient la projection !

*

Je dois avouer, avec une certaine gêne, que je suis parti avant la fin de la projection de *L'Année dernière à Marienbad*. Je n'ai rien compris !
D'ailleurs, à l'époque, Resnais m'avait dit :
– Quand on m'apporte un scénario que je comprends, je ne le tourne pas. Moins j'y comprends, plus j'ai envie de le tourner.
Ses films ont respecté ce principe !

*

Je fuis tous les films intellos. Je ne peux pas les supporter. Ils sont tellement chiants qu'ils donnent des envies de meurtre.

Inutile d'en mentionner un seul, tout le monde a dans ses souvenirs un film intello qu'il a détesté.

J'espère qu'aucun de mes films ne fait partie du lot !

*

J'ai connu Clint Eastwood alors qu'il traînait en Italie.

Il tuait le temps en faisant de la peinture. Pour gagner un peu d'argent, on a été engagés comme mannequins.

Plus tard, il est retourné aux États-Unis où il est devenu une star. Il a continué de m'appeler de temps en temps, surtout quand il passait par Paris.

Et puis plus rien.

Je ne sais pas si c'est de l'indifférence ou de l'amnésie.

*

Juliette Binoche, je l'ai connue à ses débuts. Mais, depuis qu'elle est devenue célèbre, elle fait semblant de ne plus se souvenir de moi. Quand elle me croise, elle m'ignore.

Il y a beaucoup de gens dans ce métier qui ne supportent pas qu'on les ait connus à leurs débuts.

*

Quand je vois une Mme Nathalie Baye s'occuper d'un enfant arabe devant une caméra de télévision, ça me met hors de moi.

Je trouve ça dégradant. Pas pour Nathalie Baye, mais pour les Arabes. Je les connais bien, je sais qu'il faut en aider certains, mais il est inutile d'insister là-dessus.

Pourquoi différencier les enfants arabes des autres enfants ? C'est favoriser le racisme.

C'est comme si j'allais au restaurant avec un ami arabe et que je dise au serveur :

— Je m'excuse, mais il faut lui donner à manger à lui aussi !

Parce qu'il est arabe ? Il est arabe, il mange comme moi, c'est tout. Il est comme moi.

*

Quand j'ai fait *Vidange*, Isabelle Huppert devait tenir le principal rôle féminin. On avait retenu les dates, on avait rédigé un projet de contrat, tout était prêt, mais elle s'est mis dans la tête d'avoir Gérard Lanvin pour partenaire. On l'a contacté et il a répondu :

— Moi, Mocky, je ne tournerai jamais avec lui.

J'ai demandé :

— Pourquoi ?

— Je ne peux pas le dire.

Il paraîtrait qu'il me considère comme le diable, qu'il aurait les nerfs à fleur de peau pendant tout le film et qu'il aurait peur de se battre avec moi parce que, comme je suis plus vieux que lui, il n'oserait pas me taper dessus.

*

Un artiste qui travaille avec un type comme moi est un véritable artiste. Celui qui refuse n'a rien d'un artiste ; il fait un tri, il se dit que, s'il travaille avec moi, ses copains vont lui faire la gueule ou que le métier va lui tourner le dos.

Gérard Lanvin, Vincent Lindon, Patrick Bruel ne veulent pas travailler avec moi parce qu'ils ont peur de perdre de leur crédit. Il n'y a pas que des hommes qui me disent non, des femmes aussi. Fanny Ardant m'a fait faux bond au dernier moment pour *Noir comme le souvenir*, et Valérie Lemercier clame partout que jamais elle ne travaillera avec moi.

Mais les choses changent avec le temps : je vois certains acteurs venir chez moi alors que, avant, ils refusaient. Ils se sont convertis, en quelque sorte. C'est le cas de Richard Berry et d'autres. En vieillissant, ils retrouvent le goût du cinéma.

*

Lanvin et Marceau, je ne peux pas les avoir devant ma caméra.

Remarquez, je ne le regrette pas !

*

J'ai connu Gérard Lanvin du temps où il travaillait aux Puces. Il avait un magasin là-bas. Je lui ai loué des meubles, et je pense qu'il m'en veut de ne pas l'avoir payé !

*

C'est un scandale, ce qu'on fait à Sacha Guitry.
Le meilleur moyen de lui rendre hommage, c'est de rediffuser ses films. Mais cessons de reprendre ses pièces. Guitry écrivait pour lui, et exclusivement pour lui. Personne n'est capable de restituer toute l'étendue de son talent. Et pourtant, ce n'est pas faute d'essayer. Ils s'y sont tous mis, à vouloir l'imiter. Personne ne peut jouer Guitry, hormis Guitry.
Guitry était un type exceptionnel. Il faut un type exceptionnel pour arriver à son niveau. Et ça, il n'y en a plus.

*

Lanvin, Dussollier, Jugnot sont des gens qui représentent pour le cinéma d'aujourd'hui ce que représentaient certains acteurs pour le cinéma d'avant-guerre, qui n'étaient pas Jules Berry ou Louis Jouvet mais « tout le reste ».

*

Contrairement à ce que l'on croit, je ne me suis jamais battu avec un acteur. Je me suis même bien entendu avec eux. Le seul avec qui j'ai eu des mots, c'est Michel Blanc.

Il avait déclaré à la radio :

— Quand j'étais au lycée, Mocky était mon idole.

Je l'ai contacté pour *Le Miraculé*. À l'époque, je ne songeais pas à reformer le couple Serrault-Poiret. Je voulais mettre Blanc face à Serrault. J'ai téléphoné à l'agent de Blanc pour lui faire part de mon désir. Il m'a répondu par une lettre affirmant que M. Blanc serait ravi de faire mon film.

La préparation du *Miraculé* a pris du temps. Quand j'ai recontacté Michel Blanc, il m'a répondu par une lettre recommandée disant qu'il n'avait jamais été question pour lui de jouer dans *Le Miraculé*. Il trahissait sa parole.

Je l'ai laissé tomber et j'ai pris Poiret.

Deux ans plus tard, je prépare *Une nuit à l'Assemblée nationale* avec Maillan, Poiret et Darry Cowl. Il me restait un rôle de naturiste à distribuer. Le producteur me dit :

— Michel Blanc serait très bien.

— Il m'a fait faux bond dans *Le Miraculé*, je ne crois pas qu'il ait envie de tourner avec moi.

Finalement, il a accepté.

Pendant le tournage, il rigolait tout le temps et ne cessait de s'excuser :

— Mais pourquoi je n'ai pas fait *Le Miraculé* ? C'est un excellent film. Je ne sais pas ce qu'il m'a pris de refuser.

Il se mordait les doigts de ne pas l'avoir fait.

À la projection d'*Une nuit à l'Assemblée nationale*, il riait comme un fou, il était tout content.
Le film a connu des soucis et a été boycotté par la politique. J'ai demandé à Blanc de le défendre. Il s'est dégonflé et ne l'a absolument pas défendu. Qu'est-ce que ça pouvait lui faire d'aider ce film ? Pour la deuxième fois, il trahissait sa parole.
Je ne l'ai plus jamais fait tourner. Je ne travaille pas avec les traîtres.

*

Quand je vois Gérard Jugnot faire *Les Choristes*, je me dis que Noël-Noël doit se retourner dans sa tombe.
Le cinéma doit avancer, pas reculer. Pourquoi faire des *remakes* ?

*

J'ai été l'un des premiers à voir *Les Quatre Cents Coups* de Truffaut. À la fin, il y a un magnifique plan sur une plage. Je lui dis :
– Mais, c'est *Rashomon* !
Il a reconnu qu'il avait copié. Il me l'a dit ! Dans la carrière de Truffaut, il y a beaucoup de réminiscences de nombreux films.
Chabrol aussi est un « patchworker ». Il ne s'en cache pas trop.
Tavernier, n'en parlons pas. Il a vu *Le Coup de l'escalier* plus d'une centaine de fois et s'efforce

de le recopier film après film. Il n'a pas mieux à faire que de regarder le même film cent fois ?

*

Gérard Oury était un brave type.

Pour préparer ses gags, il regardait des films muets. Il notait les gags qui le faisaient rire et les réutilisait dans ses films.

Ça a donné le fameux gag que tout le monde a admiré comme si c'était la huitième merveille du monde : celui de la 2 CV qui se désagrège, au début du *Corniaud*.

Mais c'est du Harry Langdon !

Personne ne s'en est jamais aperçu. C'est vous dire la culture cinématographique des critiques.

*

Avec Jean-Luc Godard, nous voulions faire une émission de dynamitage du cinéma.

Le principe était le suivant : plutôt que de critiquer les films, ce qui est toujours désagréable pour les cinéastes, on prenait chaque mois la liste des films sortis et on analysait les faux *remakes*, les copieurs. Concrètement, on disait que tel film était « inspiré » de Fritz Lang, que telle scène était directement tirée d'un film de Capra ou de John Ford.

On montrait que la vraie nouveauté était rare et que les cinéastes qui s'enorgueillissaient d'avoir inventé quelque chose ne faisaient que copier des scènes ou des films déjà existants.

Certains reconnaissent des influences, mais pas un ne va admettre avoir recopié des passages entiers de films.

C'est ce que j'appelle des patchworks. Le cinéma mondial est truffé de patchworks.

Orson Welles disait d'ailleurs qu'il n'allait pas au cinéma pour ne pas être influencé.

Inutile de vous dire que cette émission, on nous l'a refusée partout.

*

J'ai eu des projets avec Delon.

Ça ne s'est pas fait parce que, à l'époque, dans les années 1970, Delon contrôlait tout sur un film, jusqu'au mouvement d'un travelling. Si ça ne lui plaisait pas, il faisait défaire les rails qu'on avait mis des heures à installer pour les placer dans l'autre sens.

Lui et moi, on ne pouvait pas s'entendre.

*

Godard m'a raconté une anecdote à propos d'Alain Delon. Ils bossaient ensemble pour *Nouvelle vague* et, à un moment, Jean-Luc lui dit :

– Vous entrez dans cette voiture et vous démarrez.

– Impossible, lui répond Delon.

– Pourquoi ?

– J'ai un contrat d'exclusivité avec telle marque, je ne peux pas monter dans une voiture d'une autre marque au cinéma.

Godard n'a pas renoncé à la scène.

On raconte qu'il a fait monter un petit âne dans la limousine à la place de Delon. Vrai ou faux ?

*

En novembre 2008, Alain Delon est revenu au théâtre pour lire des lettres avec Anouk Aimée. Ça s'appelait *Love Letters*. C'était une pièce d'Albert Ramsdell Gurney.

Rien à redire, si ce n'est que les représentations étaient à 19 heures. J'ai trouvé ça dégradant pour Delon. 19 heures, ça n'est pas un horaire de théâtre ! C'est un horaire pour petits vieux.

*

Le jour de la sortie de *La Grande Frousse* est sortie une comédie intitulée *Comment épouser un Premier ministre ?*, dont Jean-Claude Brialy était la vedette.

Je dois reconnaître que ce film a eu plus de succès que le mien.

Quarante-cinq ans plus tard – eh oui, quarante-cinq ans déjà ! –, que reste-t-il ? Qui se souvient encore de *Comment épouser un Premier ministre ?* Personne. Le film ne passe plus à la télé, n'a jamais été édité en DVD, a complètement disparu de la circulation. *La Grande*

Frousse est disponible en DVD et repasse régulièrement à la télévision.

Que vaut-il mieux : un succès immédiat mais éphémère ou une reconnaissance sur le long terme ? Je préfère réaliser des films qui durent, pas des films qu'on oublie sitôt sorti de la salle de cinéma.

Pensées à la con

QUE PENSEZ-VOUS DU MOT « CON » ?

Depuis des siècles, on n'a jamais trouvé mieux que ces trois lettres pour désigner la bêtise ambiante : « con ».

LE TROUVEZ-VOUS CORRECT POUR UN TITRE DE FILM ?

Je suis le premier à l'avoir utilisé dans un titre : *Le Piège à cons*. Après, il y a eu *Le Roi des cons* et *Le Dîner de cons*. C'est un mot que l'on hésite à utiliser dans un titre. C'est dommage, c'est un beau mot, connu de tous. On pourrait très bien titrer un film *Bienvenue chez les cons*, ce serait un sujet universel.

QU'EST-CE QU'UN CON ?

Un con, c'est un type intelligent qui ne sait pas vivre. À la naissance, tout le monde possède un certain degré d'intelligence, mais c'est en gâchant ses qualités et en prenant les mauvaises décisions qu'on devient con. Le vrai con, c'est celui qui vit comme un con.

AIMEZ-VOUS ÊTRE TRAITÉ DE CON ?

Ce que je n'aime pas, c'est « pauvre con ». Ça, c'est vraiment humiliant... Pourtant, si on y réfléchit, « pauvre con » est un pléonasme, puisque, par définition, le con est pauvre d'esprit.

Y A-T-IL DES ENDROITS TELLEMENT CONS QUE VOUS LES FUYEZ ?

L'un des endroits les plus cons que je connaisse, c'est les discothèques. Ce sont des usines à sueur et à orgasmes refoulés. Parce que les gars et les filles qui vont là-dedans, c'est pour baiser... La meilleure preuve, c'est que les filles, qui sont considérées comme de la marchandise, comme un appât pour les mecs, entrent gratuitement. Mais, dans 90 % des cas, ça se solde par un échec. Il y a bien quelques types qui emballent, mais tous les autres repartent la queue entre les jambes. Ça ne les empêche pas de revenir la semaine suivante pour quémander une sexualité qu'ils n'assouvissent pas. Tout ça se finit par des séances de masturbation solitaire.

QUEL EST LE MOT LE PLUS CON DE LA LANGUE FRANÇAISE ?

Ce n'est pas un mot mais une expression : « tout à fait ». Ça ne veut absolument rien dire ! C'est une expression dite par des gens qui ne sont pas instruits mais qui veulent le paraître. Une caissière de supermarché répondra « tout à fait » au lieu de « oui » pour se donner l'illusion qu'elle se hisse à la hauteur d'une dame de chez Gallimard... Regardez le nombre de connards de la télévision qui disent « tout à fait » pour paraître plus intelligents qu'ils ne le sont. C'est une forme d'hypocrisie sociale.

QUEL EST LE PROVERBE LE PLUS CON ?

« Pierre qui roule n'amasse pas mousse. » C'est une lapalissade, c'est deux et deux font quatre, c'est con comme la lune, c'est nul. Ce n'est même pas de la valeur de Confucius, qui a pourtant dit de grosses conneries.

QUEL EST LE CADEAU LE PLUS CON QUE L'ON PUISSE VOUS FAIRE ?

Une cravate. Le fait même de porter une cravate, c'est une connerie. Ça ne sert à rien. C'est un morceau de chiffon que l'on porte autour du cou. Ça n'a même pas les vertus d'une écharpe, ça ne protège pas du froid !... Le nœud papillon, c'est encore pire, ça vous donne une allure de garçon de café. Ça vous transforme en pingouin ! C'est laid et c'est con. D'ailleurs, plus le type est con, plus sa cravate est conne... Et puis, une cravate, c'est une insulte aux gens décontractés. Comme si le fait de porter une cravate vous conférait une supériorité sur les autres. C'est pour ça que je n'en porte jamais. Donc, si on m'offre une cravate, je n'en ai rien à foutre ; quel que soit le motif imprimé dessus. C'est un cadeau inutile et pourtant très employé, car les gens n'ont aucune imagination en matière de cadeau. Moi, je suis un artiste de cinéma ; si on veut me faire un cadeau, on m'offre une affiche rare d'un film de Bogart, ou quelque chose comme ça. M'offrir une cravate, c'est me prendre pour un con.

QUEL EST LE RAGOT LE PLUS CON VOUS CONCERNANT QUE VOUS AYEZ ENTENDU ?

Que je suis riche. Et c'est un ragot qui vient de loin. Un jour, un copain vient me voir parce qu'il a besoin d'argent. Il voulait ouvrir une pizzeria et il lui manquait une petite somme. Je lui ai prêté l'équivalent de sept mille cinq cents euros. En guise de reconnaissance, il a ouvert sa pizzeria avec des « pizzas Mocky » et d'autres qui portaient les titres de mes films. Par la suite, il m'a rendu mon pognon et c'était fini. Mais des gens sont venus dans son restaurant, ont vu que les pizzas étaient à mon nom et en ont conclu que j'étais le patron. De là est née une rumeur qui a été jusqu'à affirmer que je possédais cent pizzerias dans Paris ! Tout ce que j'ai eu, c'est le droit d'aller bouffer à l'œil chez mon copain pendant quelque temps... Un jour, j'entre dans le bureau d'un grand directeur de télé qui me dit : « Monsieur Mocky, je ne comprends pas pourquoi vous me demandez de l'argent puisqu'on sait que vous possédez cent pizzerias ! » Impossible de lui faire comprendre que c'était une légende. Et cette légende continue de me poursuivre.

QUEL EST LE PERSONNAGE HISTORIQUE
LE PLUS CON ?

La Fontaine. Je l'aime bien, mais je dois reconnaître qu'il n'a écrit que des conneries. Ses petites histoires sont bien gentilles mais elles ne riment à rien. C'est gnangnan... Remarquez, ce n'est pas forcément le plus con. Aujourd'hui, il y a Jean d'Ormesson. C'est un gentil con, un adorable con.

QUEL EST LE FILM LE PLUS CON QUE VOUS AYEZ VU ?

Les Bronzés. Ou *Camping.* Ce sont des films destinés à des cons qui ne s'aperçoivent pas qu'ils sont cons. On y traite les gens très mal, mais le public ne se rend pas compte que c'est de lui qu'on se moque. On y statufie les cons. Les gars qui font ces films ne sont pas cons, parce qu'ils savent qu'ils vont en tirer du fric, mais les scénarios sont d'une rare nullité.

DANS QUEL ENDROIT TROUVE-T-ON LE PLUS DE CONS ?

Dans la foule. Individuellement, les gens ne sont pas forcément cons, mais plus vous mettez de gens ensemble, plus vous augmentez la dose de connerie. L'intelligence fond, dans la foule. Pour rester intelligent, restons seuls, ou en petit groupe.

QUEL EST LE MÉTIER LE PLUS CON ?

Ce n'est pas un métier, mais une activité. Je ne comprends pas les hommes qui passent leur temps à bricoler. Ils ont une femme, ils ont des enfants et ils perdent leur dimanche à fabriquer un placard ! Il y a quelque chose qui ne va pas là-dedans. Les bricoleurs font comme s'ils n'avaient pas de famille. Au lieu de tenir leur marteau, ils feraient mieux d'aller au lit avec leur femme, ou de l'embrasser, ou de l'emmener au théâtre, ou je ne sais pas quoi. Non, il faut qu'ils passent leurs week-ends à faire des tables avec des pieds bancals, des étagères qui ne sont pas droites. En plus, calculez le prix que ça coûte : l'essence pour aller au magasin, le matériel, le temps passé à essayer de bricoler un truc qui tienne. Non, vraiment, faut être con pour être bricoleur.

LA TÉLÉVISION EST-ELLE UN VIVIER À CONS ?

C'est surtout un vivier à masochistes. Il faut être maso pour aller s'exhiber dans des télé-réalités ou pour aller répondre aux questions affligeantes d'animateurs incultes et agressifs... Et puis, ce qui consterne aussi à la télévision, ce sont les comédies ; les *sitcoms*, comme ils disent. On y place des rires pour montrer aux gens où ils doivent rire. C'est vraiment nous prendre pour des cons.

AVEZ-VOUS DÉJÀ PARTICIPÉ À UN DÎNER DE CONS ?

Oui, en Suisse. Et c'était moi le con ! Je connaissais un journaliste chargé d'amener des metteurs en scène dans un château tenu par un couple bizarre. Un samedi par mois, était organisée une soirée littéraire ou cinématographique. L'après-midi, les invités allaient à Genève voir le film choisi et, le soir, le réalisateur était invité pour un grand dîner avec valets de pied en perruque blanche. Au cours de ce dîner, le réalisateur était interrogé sur son film, sa vie et son œuvre. Ils avaient choisi *Le Miraculé*. Le soir, je me suis assis à la table de la maîtresse de maison, une toute petite bonne femme avec d'épais cheveux noirs. Le parterre du château était couvert de voitures de luxe : Rolls, Mercedes, etc. On a très mal mangé. Je me souviens d'un filet de sole minuscule avec une cuillerée à café d'épinards. Ça ne m'a pas mis de très bonne humeur. Au dessert, la maîtresse de maison s'est levée :

– M. Mocky attend vos questions.

Un premier type, en veste de yachting, a commencé :

– Monsieur Mocky, je ne comprends pas comment Jeanne Moreau, Michel Serrault et Jean Poiret ont pu participer à une telle horreur.

Un autre a ajouté :

– Ce film est un scandale. Vous devriez avoir honte de nous montrer un tel film !

Je me suis levé et j'ai pris le premier à partie :

– Toi, avec ta ridicule veste de yachting, tu as une trop sale gueule pour que je te réponde.

– Comment osez-vous me parler sur ce ton ?

Je me suis approché de lui pour lui casser la figure. À ce moment, la maîtresse de maison s'est interposée. J'ai voulu l'écarter mais, en fait, je l'ai attrapée par les cheveux. Elle portait une perruque. La perruque m'est restée dans les mains, révélant un crâne entièrement chauve, une boule de billard. J'ai continué vers le type en veste de yachting, je l'ai balancé, il s'est écrasé sur une autre table. Tous les invités sont partis en courant. Voilà comment s'est passée la soirée où j'ai été le con d'un dîner... Quelque temps plus tard, à Paris, j'ai rencontré un ami cinéaste qui avait subi le même dîner, au même endroit, un mois ou deux avant moi. Mais lui, ils avaient réussi à le faire pleurer. Avec moi, ils sont mal tombés.

FUYEZ-VOUS LES CONS ?

Il y a une phrase qui résume ma façon de vivre : les cons me fatiguent. Aussi, tout le temps, j'essaie de leur échapper. Je me planque, je cours, je glisse, je me calte mais, hélas, il y en a toujours un qui me rattrape.

Je m'en débarrasse, pour sûr, mais en voici un autre qui pointe le nez. N'allez pas imaginer que je me croie plus intelligent que les autres, même si, dans mon for intérieur, je crois que je suis moins con que certains. Suivez mon regard !

COMMENT COMBATTRE LA CONNERIE ?

Il faudrait expliquer aux gens comment ne pas être con. C'est ce que font semblant de faire les gourous et autres sectes. Ils disent : « Venez à moi, vous serez moins cons. » Or, c'est tout le contraire. Plus ils s'enfoncent dans cette voie, plus ils deviennent cons... Il faudrait inventer le thermomètre de la connerie. On se le fout dans le cul et, quand il dépasse un certain seuil, on sait qu'on est en train de faire une connerie, qu'il faut se soigner.

QUEL MESSAGE ADRESSERIEZ-VOUS AUX CONS ?

Réveillez-vous ! Et foutez le camp.

Pensées en vrac

Personne ne fait rien sans raison.
Même mon chien : s'il passe sous la table, ce n'est pas pour rien, c'est pour chercher sa balle.

*

La vulgarité est souvent poétique. On peut dire de belles choses avec des gros mots.

*

Je devais aller faire une émission de télé. J'ai brûlé un feu rouge car j'étais en retard. Un agent à l'air débonnaire m'a arrêté, ne m'a pas reconnu. J'avais un billet de vingt francs dans ma poche et, comme j'étais très pressé, je lui ai proposé :
– Voilà, je vous donne vingt francs, vous en faites ce que vous voulez, vous le donnez aux œuvres de la police ou vous le gardez pour vous, mais vous me laissez partir.

Eh bien, ce policier n'était pas débonnaire du tout. Il m'a accusé de corruption de fonctionnaire et m'a emmené au commissariat où j'ai été placé en garde à vue pendant une journée et demie. J'ai dû faire appel à mon avocat pour me sortir de là. Au final, ça m'a coûté une sacrée amende, de beaucoup plus que vingt francs.

Ça m'apprendra à vouloir être généreux avec la police.

*

Plus jeune, je détestais les flics. Et puis, en vieillissant, je me suis rendu compte qu'ils n'étaient pas libres. Alors, j'ai fini par les supporter.

*

J'ai rencontré un Chinois qui m'a expliqué comment il arnaquait les gens.

Il achète, pour huit euros, cinq poulets aux hormones. Il en tire quarante-cinq portions ; il ajoute un petit peu de sauce et il vend ça pas très cher : cinq euros la portion. Faites le calcul : il empoche plus de deux cents euros pour une mise initiale de huit euros. Je lui ai dit :

– Mais tu es un voleur !

Il m'a répondu :

– Oui, mais je suis rançonné par la mafia chinoise. Les mecs passent et réclament un pourcentage...

C'est la même chose pour les pizzas et la mafia italienne. Le type vous vend une pizza dix euros, mais elle lui revient à un euro. Seulement, le bénéfice, il le donne presque en totalité à la mafia...

Toujours la même chose pour les kebabs.

On croit que le fisc est le plus grand prédateur de France, mais les mafias ne sont pas mal non plus. Et avec elles, si vous ne payez pas, ce n'est pas un huissier qu'elles vous envoient.

*

Les boutiquiers à la mode achètent des chemises huit euros en Italie et les revendent quarante euros en France. Ils font des bénéfices hallucinants. Un jour, je vois des vêtements en solde : 90 % de réduction sur le prix initial ! Je vais voir le propriétaire du magasin en lui disant :

– Vous allez perdre de l'argent !

– Pas du tout, qu'il me répond, 10 %, c'est le prix qu'ils me coûtent, je ne perds rien.

*

En Italie, du côté de l'Adriatique, j'ai visité un hôpital d'enfants monstrueux.

J'étais passionné par le film *Freaks* de Tod Browning, où l'on voit de vrais monstres de foire. Je voulais faire un peu la même chose, et j'ai été dans cet endroit pour y faire un documentaire. J'ai vu des enfants avec deux têtes, trois bras ; tous les enfants mal formés – les ratés, mais alors les super-ratés. C'était insoutenable.

Personne ne parle jamais de ce genre de lieu, pourtant je suis sûr que ça existe dans tous les pays. On doit penser que c'est inhumain de montrer ces gens-là. Il est vrai que ça m'a empêché de dormir pendant dix ans.

*

Dès qu'un type a une responsabilité dans une association quelconque – que ce soit pour aider les paralytiques, les aveugles, ou pour du football, du tennis ou n'importe quoi d'autre –, il finit par pomper de l'argent. Je ne parle pas seulement de Crozemarie qui a détourné des millions de la recherche sur le cancer, mais de tous les autres.

*

J'ai voulu faire une émission de télé intitulée « Poison dans vos assiettes », sur le trafic des cantines des écoles et des maisons de retraite, mais on nous a interdit de la faire.

En quoi ça consiste ?

L'économe va dans les supermarchés et, avec la complicité de certains employés, voire du directeur du magasin, achète des produits en fin de parcours. Ils changent les étiquettes. Par exemple, un poulet qui n'est plus bon à partir du 3, il devient bon jusqu'au 10. Fatalement, ils l'achètent moins cher et l'envoient dans les cantines.

J'ai rencontré des types de 40 ans qui avaient été contaminés par des rillettes pas fraîches ou des produits laitiers plus bons et qui se sont retrouvés dans des fauteuils roulants. Il y a même deux types qui sont morts à cause des rillettes.

*

Chaque fois que j'ouvre un journal, j'y trouve un sujet de scénario.

Pour l'un de mes derniers films, j'ai découvert l'histoire d'un pauvre gars qui a été victime d'une inondation. Il a fait jouer les assurances, mais elles tardaient à payer. Il a attendu, attendu, attendu qu'on le rembourse. Un jour, il apprend que l'agent d'assurances local – c'était dans une petite ville – avait reçu ordre de ne pas le payer pour que le type finisse par accepter une somme dérisoire. Quand le gars l'a appris, il a été voir l'assureur avec une carabine et lui a tiré dessus.

L'autre n'est pas mort mais il s'en est fallu de peu. J'ai pris ce fait-divers et je l'ai amplifié.

*

Un jour, j'étais dans un restaurant deux étoiles Michelin avec un ami noir. J'ai commandé deux chateaubriands. Le mien était énorme, le sien ressemblait à une piteuse semelle mal cuite.

J'ai fait un scandale ! Parce qu'il était noir, on lui servait de la merde ? C'est quoi, cette France ?

*

Les hommes politiques ont peur de moi.
C'est curieux, car je ne suis pas Frankenstein.

*

L'Assemblée nationale, c'est comme la Sécurité sociale : il manque toujours un papier. Ils discutent, ils discutent mais, au moment d'adopter la loi, il manque toujours quelque chose.
Si vous allez voir là-bas, vous verrez les huissiers et tout ce cérémonial qui, moi, me fait chier.

*

Courteline n'a pas été assez loin dans la satire de l'administration.
Il a parlé des ronds-de-cuir et de leur incompétence, mais pas des coucheries entre fonctionnaires. Pourtant, ça existait déjà à son époque.
Il nous manque un nouveau Courteline pour se moquer de tout ça.

*

Tout le monde a le droit de voter !
De toute façon, le vote ne sert à rien.

*

Quand je vois un maire ou un député avec une belle bagnole et de belles chaussures, je sais qu'il a piqué dans la caisse.

*

Bernard Tapie est un type très bien comparé à tous les salauds qui font de la politique.

*

Aujourd'hui, les jeunes ne choisissent pas un métier, ils choisissent une retraite.
Ils entrent dans une profession parce qu'ils savent qu'il y aura une bonne retraite au bout. Mais c'est idiot, leur truc : ils ne sont même pas sûrs d'arriver à la retraite !
Les jeunes ne vivent pas leur vie d'aujourd'hui, ils attendent leur vie de demain.

*

Les syndicalistes ont transformé nos vies en plans de retraite.

*

Beaucoup choisissent le métier d'instituteur, pas pour les enfants mais pour les vacances.

*

Chez moi, j'ai fait construire une porte de 45 cm de large pour que, en cas de saisie, les huissiers ne puissent pas emporter mes meubles.
Dans la pièce principale, qui me sert aussi de bureau, il n'y a que des meubles qui ne valent rien. L'autre jour, un huissier est venu. Il a regardé, il avait l'air déçu.
– Prenez ces deux chaises, je lui dis.
– Qu'est-ce que vous voulez que j'en fasse ? Je vais devoir les mettre à la décharge et ça va me coûter de l'argent.
Il est reparti sans rien emporter. J'étais presque triste pour lui.

*

Les supporters de foot sont des gens qui passent leur semaine à se faire chier ou à se faire engueuler par leur patron ou leur femme et qui, une fois arrivés au stade, exultent de toute leur colère.

*

Un jour, je voulais faire un film sur un pays où on supprimerait tous les ballons.

Les trois quarts de la population seraient désorientés. Le ballon, pour les gens, c'est des heures et des heures d'occupation. Ils sont obnubilés par le ballon. Ils ne réussissent pas à occuper leur vie avec quelque chose d'intéressant.

Un ballon ! Ça n'est pourtant pas grand-chose. C'est rien, même.

Et puis c'est bête, un ballon.

*

Aujourd'hui, quand je vais au théâtre, je suis obligé d'emporter une bouteille d'eau.

Parce que, quand je m'emmerde, ma gorge se dessèche. Alors, je suis obligé de boire.

Même pour les comédies. Ça ne me fait pas rire, alors je bois. Je devrais peut-être emporter du vin, ça finirait par me faire rire.

*

Je déteste les salles d'opération. Je n'y suis allé que deux fois mais, à chaque fois, j'ai cru que j'allais y rester.

C'est horrible, une salle d'opération ! On vous colle sur un brancard, on vous conduit dans la salle, vous avez l'impression d'être un rat de laboratoire prêt à être disséqué par le docteur Frankenstein.

En plus, moi, lors de ma deuxième opération, l'anesthésiste a raté ma veine. Il a recommencé plusieurs fois, j'étais plein de sang. Il aurait mieux fait de m'assommer avec une massue.

*

Je ne veux pas foutre la panique aux comiques qui débutent, mais les grands comiques meurent jeunes. La liste est longue, de Bourvil à Peter Sellers. À croire que faire rire raccourcit la vie.
Il y a de quoi méditer sur ce sujet...

*

J'ai quelques ennemis féroces. Je les salue. Parce que, si je ne les avais pas, je serais peut-être une merde totale.

Lettre à un jeune homme qui veut faire des films

Tu veux faire des films. Parce que tu aimes le cinéma par-dessus tout, parce que, ce que tu veux, c'est créer une œuvre, et pas seulement gagner du fric pour te payer une Porsche et parader avec.

Si tu es cet homme, voici quelques conseils qui devraient te permettre de réussir un premier film et sans doute les suivants, même si tu n'as pas dans ton jeu d'autre atout que ton talent, même si tu n'as pas dans ton horoscope le plus petit brin de chance.

VIE PRIVÉE

Se fixer quelque part, avoir un endroit bien à toi où tu pourras habiter et vivre à peu de frais quoi qu'il arrive. Ne cherche pas le standing, c'est de la frime ; les beaux habits et les appartements super chic, ça n'a jamais permis de faire un bon film.

Ne pas prendre d'habitudes régulières (vacances ou sorties à dates fixes), s'éloigner complètement de la vie du fonctionnaire, s'entretenir en forme physiquement et pas seulement en regardant la télé.

Pas de passion trop absorbante (sauf si la passion en question est en harmonie avec ce que tu fais).

VIE PROFESSIONNELLE

Pour ton premier film, choisis un sujet solide, ne cherche pas à être à la mode. Évite les sujets trop rabâchés.

Prends un professionnel pour écrire avec toi (jeune ou vieux, peu importe). Le collaborateur doit être un constructeur d'histoires, quel que soit le type de film que tu veuilles faire. Prends ton temps pour fignoler le sujet. Ne le montre à personne de la profession avant qu'il ne vous donne totale satisfaction à ton collaborateur et à toi. C'est la partie la plus importante, et aussi la plus éprouvante pour les nerfs.

Ton sujet une fois au point, va le montrer à des acteurs qui correspondent à tes personnages. N'hésite pas à aller voir les plus grands. Même si les premiers contacts ne donnent rien, persévère : tu obtiendras un résultat.

Avec ton sujet et tes acteurs, va voir les producteurs un à un. *Tous* (prends l'annuaire du cinéma et établis une liste). Ne laisse ton scénario qu'à ceux qui te semblent vraiment intéressés (sois psychologue). Les autres, ne leur laisse rien. Cette quête te prendra du temps mais, là encore, si tu vas jusqu'au bout, tu réussiras.

Quand l'affaire se concrétisera, exige d'avoir le droit de regard sur ton film et, au besoin, pour cela, lâche du lest côté fric. Il est capital que tu restes le maître absolu de ton film, il est vital que n'importe quel con ne puisse pas détruire ton œuvre.

Quand le film sortira, lutte encore pour qu'il soit traité équitablement comme un autre film, crie, tempête, jusqu'à ce que, s'il y a eu injustice à ton égard, tout le monde le sache, que les coupables soient découverts, même s'ils restent momentanément impunis.

Et recommence tout ça pour ton deuxième film.

Vas-y, fonce, on y arrive, crois-moi.

N.B. : Il existe, bien sûr, d'autres moyens pour arriver, et ils sont faciles. Par exemple : demander à papa ou maman de financer le film, ou encore épouser une jeune fille à galette, ou encore entrer dans des combines politiques ou, tout simplement, se faire sodomiser. Mais, pour tout ça, demande à quelqu'un d'autre la marche à suivre, moi, ce n'est pas mon genre. Salut et *good luck*.

(*Parispoche* du 21 juillet 1971)

Comment je suis devenu *underground*

Quoi ? Tout le monde gueule aujourd'hui ? Ça gueule et ça ne fait pas grand-chose !
On fait des dons pour aider ceux qui crèvent de faim ou de maladie. Puis, certains volent ce qu'on donne. Les metteurs en scène se réunissent pour gueuler contre les critiques, les gens de droite contre ceux de gauche et *vice versa* ! Tout le monde gueule.
Ben moi, je ne vais pas gueuler !
Non, doucement, je vais conter une histoire. Évidemment, ce sera la mienne, mais aussi celle de mes successeurs, de tous les jeunes qui voudront faire un cinéma de société. En Italie, et surtout en Amérique, on a fait des films sur ce qui se passe. En France, c'est tabou, et vaut mieux faire *Astérix* ou je ne sais pas quoi.
Ah ! ceux qui voudront parler de la mairie de Paris, d'une certaine mutuelle des étudiants, de la Croix-Rouge et autres œuvres caritatives, de l'alimentation ! Ah ! ces réalisateurs-là, ils souffriront ! Beaucoup ne le feront pas.

Il y a beaucoup d'avantages à la liberté, la vraie. C'est comme de l'oxygène qu'on respire. On se sent mieux en se regardant dans la glace.

Souvent, lorsque l'adversité me frappe, je pense à Erich von Stroheim (dont j'ai été proche), à Orson Welles, à Tati, à Max Linder, ou à Vigo, à Fellini (que je connaissais bien). Leur fin ne fut pas celle qu'ils méritaient. Mais ils sont toujours près de nous, ce sont eux qui m'aident. C'est pourquoi je suis serein et je dors tout mon soûl. Je ne me fais pas de mouron.

Enfin quoi ? Que s'est-il passé ? Oh ! apparemment pas grand-chose, diront les indifférents ! Depuis dix ans, mes films sortent sous le manteau : peu de salles, pas de pub. *Underground*. Enterrés vivants.

Ma carrière fut normale jusqu'à la fin des années 1960, jalonnée de quelques succès (*Les Dragueurs, Un drôle de paroissien*, etc.)

Puis vint Mai 68.

Je commis *Solo*, qui racontait l'histoire de quelques jeunes qui voulaient tout changer. Ah ! les critiques extra que j'ai eues ! À droite, à gauche, au centre, l'unanimité. *Solo* fut un succès et parcourut le monde. Le soir de la première à Paris, de nombreux politiques vinrent le voir, à l'ébahissement de Mme Violette, la caissière du cinéma Marbeuf. Rien que du beau monde. Le gouvernement de l'époque.

Puis le film mit vingt-cinq ans à passer à la télévision. Et encore : en août, à minuit. Pendant cette longue période, personne ne s'étonna de la chose et surtout pas ceux qui l'avaient encensé. Bizarre, non ?

L'année suivante, je tournai *L'Albatros*. Le sujet ? Des élections truquées dans l'est de la France. Même histoire. Très bonnes critiques. Succès public. Puis : dix-sept ans avant qu'il ne passe à la télévision. Bizarre, non ?

Ma carrière continua jusqu'en 1998, cahin-caha. Succès-échec-succès-échec. Rien à en dire. Peut-être parler de *À mort l'arbitre* – qui fut boycotté par le milieu du foot et des arbitres (arbitres qui, aujourd'hui, reconnaissent qu'on les moleste comme on molestait Eddy Mitchell dans mon film) – et aussi du *Miraculé*, où des groupes du Front national venaient arracher mes affiches. Bon, mais là, ce n'était pas bizarre. Les films passèrent avec succès à la télévision et tout roula.

Jusqu'en 1998, où une force irrésistible me poussa à faire *Vidange*. Un film sur les mises en examen. Comment résister ? La presse annonçait mille (oui mille) mises en examen, rien que dans deux départements. Le film, je l'ai produit seul, personne n'en a voulu. Il est sorti. Mal. Très mal. Sans pub. Enfin, avec rien. Un four, malgré de bonnes critiques (*Télérama*, *Libération*, etc.)

Le film fut acheté par Canal + pour pas cher et avec réticence. Ils l'ont programmé le 22 octobre 1999 et jusqu'au 1er novembre, à de mauvaises heures (4 h 30 du matin, 6 h 30 du matin, par exemple, et 0 h 40 le 1er novembre). Or, malgré l'annonce du film dans le programme à 0 h 40 sur Canal +, le film fut décalé de plus d'une bonne heure pour mettre un truc sur la boxe, sans avertissement aux téléspectateurs.

Ceux qui voulaient enregistrer le film se sont retrouvés avec un match de boxe. Coïncidence : c'était la veille de la démission de Strauss-Kahn.

Ah, j'oubliais : lorsque le film est sorti, rien sur TF1, car le présentateur sortait d'une mise en examen. Bizarre, non ? Non, après tout.

On pourrait croire que le feuilleton est fini. On me parle fin 1998 d'un livre américain qui traite d'une communauté qui exécute des personnalités en les faisant périr par des morts apparemment naturelles. Je pense à toutes les morts suspectes mais naturelles que nous avons apprises en Europe et en France. Bref, j'y vais, j'achète le roman et voilà le film fini. Cette fois, c'est refusé par toutes les télévisions (un des responsables de chaîne me dit quand même : « Le film n'est pas mal mais, si je le prends, je me fais virer. ») Refus de Canal +, TF1, France 2, France 3, M6 et Arte.

Je vais présenter le film dans la ville où je l'ai tourné. Réception avec le conseil général et le maire et le toutim. On attend France 3 Régions. Soudain, au téléphone, on annonce au directeur de la salle : « On nous a interdit de couvrir la première du film de Mocky. » Qui était ce « on » ? Bizarre, non ?

Je sais bien. On va dire que je suis parano, que mon film est merdique, etc. Mais alors, pourquoi parle-t-on tous les jours de films merdiques et les achète-t-on à la télévision ? Et à des prix à faire dresser les cheveux sur la tête. On va me dire : on ne l'a pas acheté parce qu'il était trop cher. Faux : j'ai demandé un prix modique.

Souvent, des gens m'accostent dans la rue : « On aime bien vos films, monsieur. » C'est tantôt un éboueur, un prof d'une université américaine, un Noir étudiant ou un Chinois restaurateur ; il y a beaucoup de jeunes.

J'ai un public. Composé à la fois de gens populaires, dans le bon sens du terme, et d'« intellos de gauche », dans je sais pas quel sens donner à ce terme. Ça représente quand même un peu de monde. Mais entre eux et moi s'élèvent tellement de barrières qu'ils n'ont pas accès à mes films. La culture pour tous ? Foutaises !

Voilà comment, petit à petit, je me suis marginalisé. Mais je suis toujours là. Tout le monde ne peut pas en dire autant.

Le rire élastique et frondeur
Conférence du 9 novembre 2007
au Théâtre du Rond-Point

Je ne suis pas un conférencier. Dans le mot « conférence », il y a le mot « con » et j'espère ne pas en être un.

On m'a demandé de parler du rire parce que, dans les cinquante films que j'ai tournés, il y a beaucoup de comédies.

Parler du rire, ça paraît idiot parce que tout le monde sait ce qu'est le rire. « Le rire, c'est le propre de l'homme », disait Bergson. Je ne sais pas à quel âge il est mort, Bergson...

Comment j'ai appris à rire ?

Je me suis posé la question. Comment vous avez appris à rire ? Eh bien, j'ai appris à rire à 6 ans. Avant, je n'ai pas rigolé du tout. Et, à 6 ans, ma mère m'a emmené voir les Marx Brothers et, brusquement, j'ai vu Groucho Marx dire à une femme : « Je vais aller avec toi parce que tu as du pognon. » Au début des années 1940, ce n'était pas possible de dire ça dans un film. Moi, je ne sais pas pourquoi, mais, à 6 ans, ça m'a frappé. Et je me suis demandé si un enfant de 6 ans pouvait comprendre ce genre de choses.

Il n'y a pas très longtemps, j'ai rencontré un enfant de 6 ans et demi qui est mon plus jeune fan. Il connaît par cœur les répliques du film *Un drôle de paroissien*, parce que son père le lui a projeté sans arrêt. Et il en riait.

Donc, je crois qu'on peut commencer à rire quand on est très, très jeune et qu'on va devenir quelqu'un de frondeur. C'est ce que j'appelle le « rire frondeur » : un enfant qui va comprendre qu'on se fait baiser la gueule toute sa vie et qui, déjà, sait par un instinct curieux qu'il doit réagir et rire à des choses pour lesquelles d'autres enfants ne rient pas.

J'ai continué ma vie à n'aimer que les films où j'étais surpris, c'est-à-dire les films comme *Hellzapoppin*. Les années se sont succédé, alors il y a eu les Marx Brothers, Buster Keaton, plein de gens que tout le monde a aimés, mais pas de la même façon. Parce que moi, ce que j'aimais chez eux, ce n'était pas forcément les films qui avaient eu le plus de succès.

Le rire, pour moi, c'est aussi le rire que j'ai eu à l'école lorsque je me suis mis en guerre contre les professeurs, ceux qui n'étaient pas bien, ceux qui étaient cons, qui m'enseignaient des choses dont je savais que ce n'était pas bien pour moi, pour ma vie future.

Aujourd'hui, je suis très vieux, mais je vois les jeunes protester, et ils ont raison de protester. Ils n'ont pas raison de battre les professeurs, mais ils peuvent y arriver par le rire, c'est-à-dire ridiculiser quelqu'un qui lui-même est ridicule. C'est ça que j'appelle le « rire frondeur » : arriver à déstabiliser quelqu'un par le rire et non par la violence.

Quand j'étais à l'école et qu'il y avait un professeur qui me paraissait chiant ou injuste, je tentais de le ridiculiser par autre chose que la violence... Et j'y arrivais parce que j'arrivais à faire rire les copains.

Ils existent toujours, ces professeurs, ils ne sont pas morts, ils sont là. Il y en a peut-être même plus que dans le temps jadis...

Par la suite, il y a quelque chose qui m'a sauvé quand j'étais malade, quand j'étais déprimé, c'est le fou rire. Le fou rire, c'est quelque chose que Bourvil m'a appris. On était quelquefois dans la rue et on voyait quelqu'un de curieux. On ne se foutait pas de sa gueule, mais il était tellement curieux que ça nous faisait rire. Par exemple, un monsieur qui avait la goutte au nez et un plastique sur la tête parce qu'il pleuvait. Le fou rire nous prenait et on ne pouvait pas s'arrêter. Après, on en avait mal au ventre mais on était heureux, détendus, comme si on avait fait l'amour.

Aujourd'hui, je vais à droite, à gauche, je vais dans des bureaux, partout, n'importe où, et le fou rire, je ne l'entends presque plus. Est-ce les soucis, le fait que les gens ont plein de problèmes ? Mais les fous rires, je ne les entends plus. Et moi-même, j'en ai de moins en moins. Je suis triste de ne plus avoir ces fous rires qui me détendaient et qui détendaient mes camarades.

Je voudrais parler aussi du rire malheureux.

Pour moi, c'est le rire de Jean Carmet, ou d'un clown qui s'est jeté sous le métro. Là, ce n'est plus drôle du tout. Il y a des gens qui ont pour profession de faire rire. Certains doivent écrire des textes, je pense à Desproges... Mais ils sont dans un isolement moral total. Ils sont complètement en contraste avec ce qu'ils écrivent ou ce qu'ils jouent. Ils arrivent sur scène pour faire rire les gens, et quand ils sortent de scène, ils pleurent.

Quand Jean Carmet est mort, on m'a demandé d'en parler. Tout le monde s'est tiré, personne n'a voulu parler de lui, même Depardieu, qui était son meilleur ami. Alors, j'ai joué le croque-mort. Pourquoi ? Parce que je ne voulais pas qu'il meure sans qu'on sache qui il était. Or, Jean Carmet, tout le monde disait de lui : « C'est un rigolo, il rigole avec tout le monde, il boit du pinard, il en fabrique... » Mais, en réalité, ce n'était pas du tout ça. C'était un homme très malheureux. Il venait me voir, et je ne dis pas qu'il pleurait mais il était désespéré. Dès qu'il sortait, il jouait la comédie.

Les clowns, c'est pareil, ils rigolent, ils font rire les enfants, ils rentrent chez eux et ils pleurent. Voir *Limelight* de Chaplin, qui a traité ce sujet...

Il y en avait un qui n'était plus un clown parce qu'il n'avait plus de succès. Un jour, il s'est habillé en clown, il a mis son manteau et il s'est jeté sous le métro. J'étais sur le quai, c'est pour ça que je connais cette histoire. C'est ça, le rire malheureux.

J'étais dans un café quand on a annoncé la mort de Fernandel. C'était le matin, il y avait des gens qui prenaient leur café ou leur bière, déjà à six heures du matin. Moi, j'étais là parce que j'allais tourner un film dans un studio proche. Le patron du café, un gros assez répugnant – non pas que je n'aime pas les gros, mais celui-là était d'un modèle répugnant –, dit comme ça : « On va transférer le corps de Fernandel, il doit y avoir des mouches vertes dessus. » J'ai vu ses spectateurs, ceux qui étaient autour du comptoir, ceux qui avaient aimé Fernandel, ceux qui avaient ri avec lui pendant des années, tous ont ri faiblement, pour être bien avec le bougnat parce qu'ils ne pouvaient pas lui dire : « T'es un salaud de dire ça ! »

C'est le rire que les gens ont quand un ami raconte une histoire complètement idiote. Ils se sentent obligés de rire pour ne pas donner l'impression que le type est un con et qu'il a raconté une connerie. Ça aussi, c'est le rire malheureux...

Maintenant, je vais parler du « rire du cul ».

Ça, ça fait toujours rire, tout le monde rit des histoires de cul. Histoires de cul, histoires de cocus. Le cul fait rire. Pourtant, il n'est pas rigolo, le cul. Mais il fait rigoler tout le monde. Les gens un peu coincés, qui n'ont pas envie qu'on en parle, y trouvent l'occasion d'en parler. Ils écoutent une histoire de cul et ils peuvent, comme ça, entrer dans ce domaine du cul que, souvent, ils ignorent. Pour les autres, c'est un point de ralliement, comme le foot.

Moi, dans mes films, j'évite de montrer un type en caleçon avec ses gros muscles et tout ça, ou une fille en soutien-gorge et culotte. Évidemment, c'est joli une fille, mais c'est fait pour attirer l'œil du spectateur ou de la spectatrice sur le cul. Le cul, plus on le traite d'une manière gaie, plus ça passe. Si le cul devient dramatique ou érotique, on n'aime pas.

Je parlais tout à l'heure des choses qui m'ont appris à rire, et j'ai fait une grave erreur en oubliant Feydeau. Parce que Feydeau fait rire. Par mécanisme. C'est le mécanisme du quiproquo et ça, c'est formidable. Il n'y a qu'au théâtre qu'on peut bien jouer du Feydeau et en rire. C'est un rire communicatif, à cause des contrastes des personnages.

Je vais parler maintenant des histoires drôles.

La plupart du temps, elles ne sont pas drôles, et c'est ça qui est grave. Ce qui est encore plus grave, c'est que les gens ne les comprennent pas du tout. Le type a fini de raconter son histoire drôle, il regarde autour de lui et voit que les gens ne comprennent pas. Alors, il explique. À ce moment-là, il y a un petit rire qui est dans le style des rires dont je viens de vous parler, des rires polis.

Est-ce qu'on peut mesurer le degré d'intelligence de quelqu'un qui ne comprend pas une histoire drôle ? Je ne sais pas. Je ne sais pas si c'est un con. Moi, il y a des histoires drôles que je ne comprends pas. Carlos me racontait l'autre jour une histoire, je n'ai rien compris. Lui, déjà, ça le faisait rire, ce qui était bien parce qu'il pouvait nous faire rire avec son rire. Le gars qui raconte une histoire drôle, l'histoire peut ne pas être drôle, mais si lui rigole, il peut nous donner envie de rire. C'est très curieux comme truc.

Il y a aussi le « rire popu ».

Ça, c'est un rire que j'aime beaucoup, parce que j'aime beaucoup le peuple, qui est d'ailleurs mon public, finalement. Je suis très proche des gens de la rue. Ce qui fait rire, c'est leur franc-parler qui est quelque chose de formidable. Ils nous font rire par des expressions qu'ils inventent, des mots qui n'existent dans aucun dictionnaire et qu'ils ont piqués à grand-mère, à grand-père, au terroir, à je ne sais pas quoi. C'est formidable parce que ça jaillit comme ça, et on rigole parce que c'est frais.

Ce qu'il y a de terrible, c'est le type qui se dit : « Je vais emmener ma femme et mes enfants voir un film drôle. » Tout ça parce qu'un critique a écrit : « Vous allez pisser de rire en voyant ce film. » Ils arrivent, ils s'assoient, ils prennent des pop-corn et là, ils vont attendre, attendre, comme on attend un orgasme, ils vont attendre le rire.

Louis de Funès, que j'ai connu à ses débuts, a tourné un film qui s'appelle *Oscar*. J'ai été le voir un jour de liesse, un mardi gras. C'est un bon jour, un mardi gras, tout le monde rigole. J'étais dans une très belle salle, il y avait plein de monde. Et *Oscar* commence. Pendant quarante-cinq minutes, montre en main, personne n'a ri. Et le rire a commencé à quarante-cinq minutes d'horloge, quand de Funès a commencé ses mimiques...

Ce qui est triste, c'est quelqu'un qui est déçu : il a payé son billet, on lui a dit : « Tu vas rigoler », et il rigole très peu, il compte ses rires. « J'ai ri trois fois. » Et il a payé dix euros. Donc, on lui a vendu un truc qui n'est pas bon.

Moi aussi, je me suis dit : « Je vais avoir du mal, dans mes films, à faire rire. Qu'est-ce que je vais faire pour faire rigoler les gens ? » J'ai fait une carrière tout à fait particulière, j'ai cherché des choses qui risquaient de faire rire parce qu'elles n'avaient pas été faites. Au lieu d'enfoncer, de faire des *remakes*

– ce qui est une chose que je ne supporte pas –, je me suis lancé dans la comédie « originale », celle qui ne raconte que des histoires dont on n'a jamais fait de films.

Je vais vous citer quelques-uns de mes films : *Un drôle de paroissien, La Grande Lessive, L'Étalon, Les Compagnons de la Marguerite, Le Miraculé, Le Furet...* Tous traitent de sujets qui n'ont jamais été traités, ce qui permet une certaine fraîcheur du rire. Le spectateur, au lieu d'entrer dans la salle et de voir pour la centième fois un type qui trompe sa femme, un gars qui court en caleçon, qui se cache dans un placard, il entre dans ma salle et qu'est-ce qu'il voit ? Quelque chose qu'il n'a jamais vu. Donc, il est intéressé par la nouveauté du truc. C'est pour ça que j'ai fait cinquante films, et que je me suis attaché un public modeste – dont vous faites partie, j'espère.

Finalement, j'ai un nom plus important que je ne suis, car j'ai fait rire des gens. Surtout, ce qui est très important pour un auteur satirique, c'est d'arriver à dire aux gens : « Voilà ce que je pense. Vous pensez la même chose que moi mais vous ne le dites pas. Moi, je vous le dis dans le film. » Par conséquent, ils deviennent complices, en quelque sorte.

La soutane a toujours fait rigoler aussi : *Mon curé chez les riches, Mon curé chez les pauvres...* et *Mon curé chez les nudistes*, ça, c'était le sommet ! Ça a existé, vous pouvez le trouver en DVD. C'est une grosse connerie, mais on arrive au « rire du nanar » : le film est tellement mauvais qu'il devient bon. On se dit : « Comment ont-ils pu faire ça ? Ils sont allés jusque-là ? » Eh oui...

Le rire, c'est la santé. Je l'ai dit tout à l'heure à propos du fou rire. Mais c'est aussi l'arme du pauvre. Le pauvre peut rire des riches, il peut rire aussi de ses propres ennuis. J'aime quand un pauvre peut rire dans sa situation. Nous sommes soixante-deux millions d'habitants en France et il y a beaucoup, beaucoup, beaucoup de pauvres. Ce pauvre, qu'est-ce qui lui reste ? Il a le rire. Le rire doux, chez lui, avec sa femme et ses enfants. Il se console comme il peut de son manque de moyens. Ce rire est salutaire.

J'ai assisté à une croisière. Les yachts, j'ai connu parce que j'ai voulu connaître. Eh bien, ne riez pas au sujet des yachts. On s'y emmerde ! Mais on s'y emmerde vraiment. Moi, j'ai participé à une croisière qui a été jusqu'en Grèce et je vous assure que je n'ai jamais rigolé. Et quand on ne rigole pas, qu'est-ce qu'on fait ? On joue aux dames – au double sens du terme. Ou alors à la canasta, s'ils sont très vieux. Ils se font chier à mort.

Et ça, c'est la revanche du pauvre. Plus ils ont de pognon, plus ils se font chier. Alors ils cherchent, avec leur pognon, à rire : ils organisent des soirées mais ils s'emmerdent quand même. Voilà le triste destin des riches.

Passons maintenant aux journaux dits « rigolos » ou « frondeurs ».

On pense immédiatement au *Canard enchaîné* et à *Hara-Kiri*. J'ai deux opinions différentes sur ces deux journaux et je vais vous dire pourquoi.

Autant *Hara-Kiri* est de ma famille – quand on dit : « Bal tragique à Colombey : un mort », ça me ravit ; non pas que le général de Gaulle soit mort, mais de le prendre sur le ton de l'ironie. En plus, ce sont mes vieux copains : le professeur Choron, Cavanna, tous ceux qui ont travaillé là. Eux ont la possibilité, dans un seul dessin, de nous faire rire, de nous faire réfléchir et de taper sur quelque chose.

En revanche, je suis plus tiède sur *Le Canard*. Ce que je trouve bizarre dans ce journal, c'est que c'est un journal satirique qui a des comportements étranges. Ils n'aiment pas mes films – vous allez me dire que c'est pour ça que j'essaie de les dénigrer, pas du tout : j'aime bien les gens du *Canard*... Mais, ce qui m'inquiète, ce sont les jeux de mots, qui sont des jeux de mots de l'*Almanach Vermot*. Ils n'ont pas la puissance d'*Hara-Kiri*.

Deuxièmement, je viens de faire un film sur la pédophilie qui m'a valu bien des problèmes, qui a été pratiquement interdit. Je l'ai appelé *Les Ballets écarlates*. Pourquoi ? Parce qu'il y a eu un scandale avec le manchot du général de Gaulle, M. Le Troquer, qui avait fait des « ballets roses ». Quand j'ai préparé ce film, j'ai fait ce que vous auriez fait dans mon cas : je suis allé à la Bibliothèque nationale, j'ai demandé tous les journaux de l'époque de cette affaire. Vous le croirez ou non, mais il n'y avait pratiquement rien sur les « ballets roses ». Rien. Même dans *Le Canard enchaîné*. J'ai été surpris. On pourrait penser que ce journal n'a pas froid aux yeux, qu'il n'a peur de rien. Or, les « ballets roses », c'était le début, dans la société, de la pédophilie. Ça s'est accentué, on en a parlé de plus en plus, c'est arrivé jusqu'à un procès que tout le monde a vu, celui d'Outreau. Mais pourquoi ce journal n'a-t-il pas parlé de cette affaire à l'époque ? On s'éloigne un peu du rire, mais tout ça, c'est pour dire qu'il ne faut pas être trop dupe des journaux.

Les politiques...

Je les fréquente beaucoup, parce que je me trouve souvent dans des émissions avec des politiques. Certains sont risibles déjà dans la salle de maquillage. Ces fous rires dont je vous parlais et qui se font rares pour moi, je peux les contracter dans une salle de maquillage. Parce que là, on voit nos politiques, quels qu'ils soient, se gargariser devant leur portrait amélioré par le fond de teint. Ils se regardent, ils se mouillent les lèvres, ils font semblant de répéter quelque chose comme un acteur, ils sont ridicules.

Au moment des élections, Fogiel m'avait demandé de venir et, là, j'en ai vu beaucoup. Ceux qui avaient perdu faisaient une sale gueule. Ces politiques sont des gens qui font des choses parfois pas bien. En général, ils ne font pas grand-chose. On ne va pas leur foutre une bombe, on ne va pas les tuer. La meilleure manière, c'est de les rendre ridicules. Ça les remet à leur place. Ce sont des citoyens comme nous, qui nous représentent. Je crois que le rire sur les politiques est salutaire.

Là-dessus, j'ai oublié de vous parler d'un ami à moi qui s'appelait Raymond Devos et qui, pour moi, personnalise le rire. C'était un homme qui arrivait à nous faire rire avec des mots. Et ça, il faut lui rendre hommage parce que personne ne l'a fait à part Desproges. Devos me manque.

Je vais vous parler maintenant d'autre chose : le « rire fin », le rire qui ouvre la bouche mais pas beaucoup.

C'est l'apanage de certaines comédies américaines, anglaises, où on sourit. On imagine que ça pourrait être drôle et on sourit un peu. C'est comme un type qui bande mais pas complètement, il a un soubresaut. Il y a des tas de films où on se sent insatisfait parce qu'on n'a pas éjaculé. En fait, l'humour, c'est comme l'éjaculation : il faut rire pour être satisfait. Si on ne fait que sourire, on va se branler après. Excusez-moi pour ma vulgarité, mais elle est connue.

Ensuite, il y a le rire intelligent pour intellos intelligents – parce que les intellos ne sont pas tous intelligents.

C'est Ionesco, c'est Vitrac, c'est Queneau. Là, c'est formidable. *La Cantatrice chauve,* ça dure depuis cinquante ans. Pourquoi ? Parce qu'il y a une scène qui nous représente tous : lorsqu'un jour on est amené à inviter son patron, on ne sait pas quoi se dire, c'est horrible. Ça marque la difficulté d'être. Et un rire nous prend, de voir comment nous vivons quand nous sommes obligés de faire des choses que nous ne voulons pas faire, c'est-à-dire les conventions.

Ce qui nous amène aux enterrements.

Il y a un truc qui me fait rire aux enterrements, c'est la gueule de certains croque-morts dont on dirait que ce sont des acteurs comiques.

Ce que j'ai vu de plus terrible, c'était en 1965, il y avait encore des corbillards à chevaux. Le corbillard était arrêté, le cheval a éternué et le cocher a fait la même chose. La veuve a commencé à pisser de rire, elle ne pouvait plus s'arrêter. Ce qui veut dire que le rire est proche des larmes et que les larmes sont proches du rire. Quand on rit, on pleure. Dans un enterrement, on peut être au milieu de cinq cents personnes et voir un type qui se fouille le nez, en sort une crotte et la met sur le fauteuil de l'église ; alors qu'on est ému par la mort de quelqu'un, on commence à rire. Or, c'est contagieux, le rire : la personne qui est à côté se met à rire et on peut arriver à une travée entière qui se marre pendant un enterrement.

Dans un film qui s'appelle *Snobs*, j'avais une scène d'enterrement : la veuve voit des types avec des tronches pas possibles, et elle commence à avoir un hoquet. Ça s'accentue et ça devient un fou rire.

Il y a le « rire con ».

C'est encore autre chose. Un type dit quelque chose et quelqu'un rit bêtement. Pourquoi ? On ne sait pas. Parce que le type a une drôle d'expression en le disant. Des rires cons, j'en vois tous les jours.

Tout à l'heure, je vous parlais d'une salle de cinéma avec deux rires. Or, ces rires peuvent être sublimés par un éclat de rire : quelqu'un dans la salle rit plus qu'un autre. Ce rire qui explose dans une salle qui ne rit pas peut provoquer le rire. On rit du rire de cette personne. On sait qu'il faut parfois chauffer la salle, des gens sont payés pour applaudir, c'est ce qu'on appelle la claque. Eh bien, ce rire est une forme de claque : il essaie, par hasard, d'entraîner les autres.

Ça, je l'ai remarqué au Festival de Deauville. C'est quand même un festival mondain. Un jour, j'étais assis à côté d'Édouard Molinaro. C'était la première de *Y a-t-il un pilote dans l'avion ?*, humour juif très drôle, proche des Marx Brothers. Arrive une scène où Robert Stack, qui était connu pour jouer Eliot Ness dans *Les Incorruptibles*, devait diriger un avion en perdition : il arrivait dans le bureau et retirait une paire de lunettes, puis une deuxième, puis une troisième. Ce gag-là m'a fait éclater de rire. Mais j'étais le seul. Tous ces gens de Deauville n'ont pas ri. Je me suis demandé : « Mais qu'est-ce que tu fais, Mocky, pourquoi tu aimes ce film ? » Je me suis dit que ce film n'allait pas marcher, puisqu'on était quatre cents ou cinq cents dans la salle et que personne ne riait, pas même mon copain Molinaro. Or, ce film a été un triomphe. Ce qui veut dire que le public jeune s'est précipité dessus.

Il faudrait choisir, dans une salle, une classe de gens qui ont le même état d'esprit, et ceux-là riraient aux éclats. Le problème est que le mélange des spectateurs fait que ceux qui ont envie de rire ne rient pas, parce qu'ils sont gelés par les autres. J'aimerais dire aux gens qui n'aiment pas mes films : « Ne venez pas, allez voir un autre film, ce n'est pas la peine de venir geler ma salle. »

On ne va pas parler pendant des heures... Je ne sais même pas quelle heure il est, mais on va s'arrêter bientôt. J'ai une heure et je ne suis pas payé cher...

Il y a un personnage que j'aime bien. Ce n'est pas un clown, parce qu'il n'est pas professionnel. Ce n'est pas un roi du rire. C'est ce qu'on appelle un boute-en-train.

Vous recevez des gens pour une partie de merguez en été, ou une fondue en hiver, il y a un mec qui a été invité on ne sait pas trop pourquoi, il a un aspect de joker comme on voit dans les cartes, il est là pour mettre de l'ambiance. Il court, il dit des conneries, il ne raconte pas des histoires drôles, il est là, il s'essouffle et, au bout du compte, il s'endort, parce qu'il a fait son travail. C'est l'« apéritif-man », c'est le mec qui doit mettre de l'ambiance, il ne sait pas trop comment. Comment mettre de l'ambiance dans une atmosphère sinistre ?

Enfin, il y a aussi le rire du fou.

Il y en a, des fous, et ils ne sont pas tous enfermés. Heureusement, parce les gens un peu bizarres, ceux qui ne jouent pas le jeu de la société, il ne faut pas les enfermer.

J'ai fait un film tragique qui s'appelle *La Tête contre les murs*, dans lequel j'étais un jeune homme interné par sa famille ; j'ai fréquenté des asiles, et je sais qu'il ne faut pas les enfermer.

Le fou n'est pas vraiment en contact avec l'individu normal, mais il peut le faire rire par son comportement. Il peut faire n'importe quoi, se teindre les cheveux en vert, sortir sa bite dans le métro, mais il fait rire. Il fait rire comme le fada dans les villages de Pagnol. Cet homme-là, c'est celui qui parle tout seul dans la rue. J'en ai mis un en scène dans un film avec Michel Serrault : le type qui s'adresse à des gens dans la rue, il dit n'importe quoi, et personne ne lui répond. Généralement, on rit mal de ces gens-là, on se fout de leur gueule. Parfois, ils disent des choses intéressantes. Moi, ces gens-là, je les aime et il faudrait les aider, mais c'est vrai que, au bout d'un moment, on ne peut plus parler avec eux.

Pour conclure cette conférence – parce que je suis payé pour une heure et je crois qu'il est presque l'heure (mais je suis arrivé en retard, alors je vais encore rester cinq minutes pour faire le bon poids) –, il n'y avait rien à dire sur le rire que vous ne sachiez.

Je n'ai fait que faire un panorama du rire, ce qui est complètement idiot. Une conférence, comme son nom l'indique, c'est con. Puisqu'on m'a donné une certaine liberté, je vais me permettre d'interroger cette assemblée devant moi pour voir si quelqu'un a une question. Ça prendra une minute ou deux. Quelqu'un d'autre me posera une autre question, ça fera deux et on arrivera au bout du compte. S'il y a quelqu'un qui veut m'interroger sur toutes les conneries que j'ai pu dire...

En choisissant les comédies originales, c'est-à-dire aller là où on ne va pas, vous pratiquez un rire offensif aussi...

Très. Je n'ai pas évoqué le « rire d'attaque » parce que j'en suis trop proche. Je suis pour la destruction par le rire de certaines institutions.

Certaines choses me gênent dans la société. Je voudrais faire la grève mais je suis tout seul.

Le pouvoir est quelque chose qui m'intrigue. Je suis contre les États totalitaires, évidemment. Il y a un tyran dont nous avons souffert ma famille et moi, c'est Hitler. Mais sans aller jusque-là, je ne supporte pas les promesses électorales, la lenteur de réaction des politiques...

Moi, en ce moment, je lutte contre le cinéma français qui est en train de crever. Je ne peux pas faire un film pour faire rire avec ça. Les salles sont vides, les subventions ne sont pas ce qu'elles devraient être.

Regardez ce qui passe à la télévision, c'est hallucinant. Avec l'argent que vous versez de votre redevance – moi, j'essaie de l'éviter parce que, pour ce qu'on présente, il vaut mieux ne pas la payer –, quand je vois que les gens qui ont été nommés à la tête d'une chaîne de télévision se permettent de faire *Les Rois maudits* bis, de se taper *Le Comte de Monte-Cristo* et de racheter *Guerre et Paix* aux Italiens, alors les bras m'en tombent. Le patrimoine français est en train d'en prendre un coup sérieux.

Je ne veux pas être passéiste mais, quand on consacre aujourd'hui un budget pour refaire *Le Deuxième Souffle* de mon ami Jean-Pierre Melville, aujourd'hui disparu, et qu'on y consacre trente millions d'euros, alors qu'il y a des enfants qui crèvent de faim, qu'il y a des gens qui sont dans la rue sous les tentes, etc. Et tout ça pour faire trois euros d'entrée... Parce que, grâce au ciel, le bon Dieu a voulu que Jean-Pierre reste le grand metteur en scène qu'il était et que son plagiat ne soit pas un succès. Mais, si ça en avait été un, vous vous rendez compte où on aurait été ? On aurait refait tout le patrimoine français *bis*.

Comment arriver à faire rire de ça ? C'est très difficile. Il faudrait prendre les gens qui prennent des décisions, les déculotter et les amener place de la Concorde. « Regardez, c'est celui-là qui a fait *Les Rois maudits*, regardez comment il est ! » Ils devraient avoir honte d'avoir fait ça et, pourtant, ils continuent d'être dans leurs bureaux, tranquilles, et personne ne les délogera.

C'est la culture que l'on tue.

Ma salle de cinéma ne vit que grâce à M. Delanoë, sans cela, ce serait une charcuterie, mon cinéma.

Il faudrait faire la révolution mais il n'y a plus de révolution. J'ai vu celle de 1968 commencer, mais elle s'est terminée dans le rire, parce que nous, nous en avons ri après, de voir tous les mecs se dégonfler. On leur avait remis l'essence, alors ils sont partis en week-end.

L'autre jour, un chef de gare m'a demandé : « Mais, monsieur Mocky, quand c'est qu'on fait les barricades ? » Moi, je suis trop vieux pour faire une barricade.

Peut-être que le rire est moins franc, qu'il s'éteint à cause de l'ambiance.

Quand Fernandel se faisait lécher les pieds par la chèvre dans *François Ier*, on était contents : il y avait eu les congés payés, des bals musettes, des guinguettes, des bateaux sur la Marne, il n'y avait pas les déchetteries qui lançaient des fumées nocives.

Les gens n'étaient pas plus heureux qu'aujourd'hui, mais ils étaient plus décontractés. Il y avait moins de stress, moins de dépressions.

Faire rire un déprimé, c'est aussi un problème.

Maintenant, je retourne dans ma forêt.

Table

Introduction 7
Pensées biographiques 9
Pensées religieuses 27
Pensées féministes 37
Pensées sexuelles 47
Petits conseils de séduction 63
    l'orage 63
    l'équitation 64
    le vélo 64
    les chambres d'hôtes 65
Comment les femmes perdent leur virginité 67
    les sensuelles 67
    les épouses 68
    les intéressées 69
    les romantiques 69
    les mineures 70
Pensées culturelles 71
Pensées dissidentes 75
Pensées financières 91

Pensées critiques	101
Pensées télévisuelles	109
Pensées anecdotiques	113
Pensées honorifiques	131
Pensées professionnelles	137
Pensées confraternelles	141
Pensées à la con	157
Que pensez-vous du mot « con » ?	157
Le trouvez-vous correct pour un titre de film ?	157
Qu'est-ce qu'un con ?	157
Aimez-vous être traité de con ?	158
Y a-t-il des endroits tellement cons que vous les fuyez ?	158
Quel est le mot le plus con de la langue française ?	159
Quel est le proverbe le plus con ?	159
Quel est le cadeau le plus con que l'on puisse vous faire ?	159
Quel est le ragot le plus con vous concernant que vous ayez entendu ?	160
Quel est le personnage historique le plus con ?	161
Quel est le film le plus con que vous ayez vu ?	161
Dans quel endroit trouve-t-on le plus de cons ?	162
Quel est le métier le plus con ?	162
La télévision est-elle un vivier à cons ?	162
Avez-vous déjà participé à un dîner de cons ?	163
Fuyez-vous les cons ?	164
Comment combattre la connerie ?	165
Quel message adresseriez-vous aux cons ?	165
Pensées en vrac	167

Lettre à un jeune homme
qui veut faire des films 177
   vie privée 177
   vie professionnelle 178
Comment je suis devenu *underground* 181
Le rire élastique et frondeur 187

L'HUMOUR
AU CHERCHE MIDI

**COLLECTION
« LES PENSÉES »**

Pensées, textes et anecdotes
d'Alphonse Allais

Les Pensées
de Jean Amadou

Les Pensées
de José Artur

*Pensées provisoirement
définitives*
d'Yvan Audouard

Pointes, piques et répliques
de Guy Bedos

Les Pensées
de Tristan Bernard

Les Amuse-Bush

Pensées, répliques et anecdotes
de Francis Blanche

Pensées et répliques
de Bertrand Blier

Mille et une pensées
de Philippe Bouvard

Les Pensées des Boulevardiers :
Alphonse Karr, Aurélien Scholl,
Georges Feydeau, Cami

Les Pensées
d'Alfred Capus

Les Pensées
de Cavanna

Pensées, répliques et anecdotes
de Claude Chabrol

Pensées et anecdotes
de Coluche
illustré par Cabu, Gébé, Gotlib,
Reiser, Wolinski

Les Pensées
de Courteline

Les Pensées
de Pierre Dac

Arrière-Pensées
de Pierre Dac

Pensées et anecdotes
de Dalí

Les Pensées de San-Antonio
de Frédéric Dard

Les Pensées
de Jean Dutourd

Pensées et répliques
de Jacques Dutronc

Encore !
de Jacques Dutronc

Les Pensées
de Gustave Flaubert,
suivies du
Dictionnaire des idées reçues

Les Pensées
d'Anatole France

Les Pensées
d'André Frossard

*Pensées, provocs
et autres volutes*
de Serge Gainsbourg

Pensées, histoires et anecdotes
de Michel Galabru

Les Pensées, répliques et anecdotes de De Gaulle choisies par Marcel Jullian

Traits d'esprit de Charles de Gaulle

Pensées, répliques et anecdotes de Jacques Martin

Pensées, maximes et anecdotes de Sacha Guitry

Pensées, répliques et anecdotes des Marx Brothers

Portraits acides et autres pensées édifiantes de Philippe Meyer

Pensées, répliques et anecdotes de François Mitterrand

Les Pensées de Daniel Prévost

Les Pensées de Jules Renard

Pensées, répliques et portraits de Rivarol

Pense-bêtes de Topor illustré par lui-même

Vracs de Tomi Ungerer

Pensées, textes, répliques et anecdotes de Jean Yanne

Je suis un être exquis de Jean Yanne

Les Pensées d'Oscar Wilde

Les Pensées de Wolinski illustré par lui même

Mes aveux de Wolinski

COLLECTION « LE SENS DE L'HUMOUR »

LAURENT BAFFIE
Tu l'as dit Baffie !

GUY BEDOS
Arrêtez le monde, je veux descendre

Sarko & Co

LAURENCE BOCCOLINI
Méchante

Méchante 2

PHILIPPE BOUVARD
Journal
Journal 1997-2000
Auto-psy d'un bon vivant, journal 2000-2003
Le Grand Livre des Grosses Têtes

COLUCHE
Et vous trouvez ça drôle ?
Elle est courte, mais elle est bonne
Ça roule ma poule
Le Best of
L'intégrale des sketches

PIERRE DAC
Les Meilleures Petites Annonces de l'Os à moelle
Essais, maximes et conférences

RAYMOND DEVOS
Les 40ᵉ délirants
Une chenille nommée Vanessa
Sans titre de noblesse
Rêvons de mots
Sketches inédits

MOUSS DIOUF
Humour noir

PHILIPPE HÉRACLÉS
Le Grand Livre de l'humour noir
Illustrations de Kerleroux
Le Petit Livre de l'humour noir
Des fins pour défunts
Éternellement vôtre
Le Petit Livre des épitaphes les plus drôles
Cent bonnes raisons d'être mort

OLIVIER DE KERSAUSON
Macho mais accro
T'as pas honte ?
illustré par Wolinski

LES MONTY PYTHON
Le Grand Livre des Monty Python

MICHEL MULLER
Pas tout noir

INGRID NAOUR
Drôle de zèbres
Bestiaire humoristique

DANIEL PRÉVOST
Un couple de notre temps
Éloge du moi
Lettres d'adieu

PHILIPPE VAL
Allez-y,
vous n'en reviendrez pas
Allez-y,
vous n'en reviendrez pas,
(la suite)
Bonjour l'ambiance
Fin de siècle en solde
No problem !
Bons baisers de Ben Laden
Les Traîtres et les Crétins

WOLINSKI
La Morale
Fin de siècle en solde

Mis en pages par DV Arts Graphiques à La Rochelle
Imprimé en France par CPI Firmin Didot
Dépôt légal : septembre 2009
N° d'édition : 1204 – N° d'impression : 96870
ISBN 978-2-7491-1204-6